헨리 나웬의 머리말

웨인 오츠
WAYNE OATES

침묵의 영성
NURTURING *SILENCE* IN A NOISY *HEART*

치유와 돌봄이 있는 희망의 선교동산

NURTURING *SILENCE* IN A NOISY *HEART*
: how to find inner peace

by Wayne E. Oates
Introduction by Henri J. M. Nouwen
Published by Augsburg
All Right Reserved.

Korean Translation Copyright ⓒ 2001
by Achim Publishers

이 책은 아침영성지도연구원(www.achimhope.or.kr)이
Augsburg와 독점계약하여 펴낸 것으로, 저작권법에 따라
한국 안에서 보호를 받는 책이므로 무단전재와 무단복제를 금합니다.

추천의 말

나의 인생에서 존경하는 나의 스승 웨인 오츠 교수와의 만남은 정말 잊을 수 없는 감격입니다.

웨인 오츠 교수는 어려운 가정 환경에서 자란 나를 무척이나 대견스럽게 생각했습니다. 내가 내 자신의 아픈 상처를 치유받을 수 있겠다 싶은 모임이 있으면 적극 추천도 해주고 갖가지 지원도 아끼지 않았습니다. 그리고 웨인 오츠 교수는 나도 자신처럼 될 수 있다는 이야기를 여러 번 들려 주었습니다. 사실 오츠 박사의 성장과정은 나보다 더 불행했는지 모릅니다. 열두 살 구두닦이 소년가장에서 세계적인 대학자가 된 웨인 오츠 박사, 그분은 내가 절망의 늪으로 빠져 들어가려 할 때마다 나를 건져 주는 생명줄과 같았습니다.

이렇게 내 마음의 스승인 웨인 오츠 박사의 명저, 〈침묵의 영성〉이 늦게나마 우리에게 소개되는 것은 매우 큰 축복이라고 생각합니다. 이 책 〈침묵의 영성〉은 그분의 그리스도교적 영성이 가장 진솔하게 드러난 명저 중에 명저입니다. 그분 스스로도 이 책을 무척이나 아끼셨습니다. 그분이 그렇게 어려운 삶의 자리 한가운데서도 희망을 잃지 않았던 것은 날마다 침묵의 영성을 통하여 그리스도와 깊이 만나 영혼의 대화를 나눌 수 있었기 때문이라고 확신합니다.

안팎으로 소음이 가득한 우리의 현실, 이 속에서 진정 평온함을 찾을 수 있는 방법은 무엇일까요? 웨인 오츠는 우리가 진정으로 침묵을 소중히 여기고 그 침묵의 영성을 기르기 위해 노력을 아끼지 않는다면, 얼마든지 삶 한가운데서도 침묵을 양성할 수 있다고 주장합니다. 그분은 직장과 인간관계와 일상생활 속에서 평화와 집중을 유지할 수 있는 실제적이고도 영성적인 방법들을 탐구합니다. 우리는 침묵 가운데서 치유를 얻게 되고, 침묵 가운데서 친구이신 하나님의 실존을 경험하게 됩니다.

내적인 평화를 발견하고 촉진시키기 위한 본 지침서는 무척이나 읽기 쉽고 매력적인 책으로서, 삶이 온통 분주함과 스트레스로 가득 차 있는 보통 사람들에게 실질적인 조언을 던져 줍니다. 이 책에는 "침묵실천" 테스트, 그리고 성찰과 논의를 위한 질문이 실려 있어서, 소그룹 모임을 위한 교재로 사용해도 전혀 손색이 없으며, 영성훈련이나 수련회나 기도회나 각종 모임에서도 이 책에 역점을 두고 진행할 수 있을 것입니다.

아무튼 이 바쁘고 힘들고 시끄럽고 상처투성이인 현대사회 속에서 우리 그리스도인의 영혼이 이 귀한 책을 통하여 참 자유와 쉼을 얻을 수 있게 되기를 바랍니다. 오늘 여러분의 침묵 속에 하나님께서 살아 계십니다!

정태기
(한신대 교수 · 크리스천치유목회연구원장)

차례

추천의 말
헨리 나웬의 머리말
여는 말

1. 생존과 희망을 위한 침묵 ——————— 13
2. 침묵의 영성을 기르기 위한 나만의 자유 ——— 37
3. 침묵 속에서 현실 문제에 집중하기 ———— 67
4. 마음속의 낯선 소음들을 잠재우기 ———— 97
5. 감히 무시할 수 없는 침묵 ——————— 125
6. 침묵의 부름에 대한 평온함의 응답 ———— 155

성찰과 논의를 위한 질문
주
참고문헌
옮긴이의 말

머리말

  침묵의 영성은 우리가 우리 삶의 시끌벅적한 요소들을 초월할 수 있도록 돕는 훈련입니다. 거기서 우리는 우리의 슬픔과 기쁨이 숨겨진 곳으로부터 드러나 우리를 정면에서 바라보게 할 수 있습니다. 그 때 우리는 이런 소리를 듣게 될 것입니다: "두려워하지 말아라; 너는 네 자신의 인생행로를 보게 될 것이고, 그 어두운 면과 밝은 면을 보게 될 것이며, 자유로 가는 네 길을 발견하게 될 것이다."
  우리는 자연 속에서, 우리 자신의 집에서, 또는 교회나 기도원이나 수도원이나 영성센터 등에서도 침묵을 발견할 수 있습니다. 그러나 우리가 그것을 어디에서 발견하든간에, 우리는 그것을 소중히 여겨야 합니다. 침묵 속에서만 우리는 우리가 누구인지를 참으로 인식할 수 있고, 우리 자신이 하나님의 선물임을 점점 더 확언할 수 있기 때문입니다.
  우선적으로, 침묵은 우리를 오히려 깜짝 놀라게 할 수도 있습니다. 침묵 속에서 우리가 듣기 시작하는 것은 어두움의 소리들, 곧 우리의 질투와 분노, 우리의 분개와 보복욕구, 우리의 정욕과 탐욕, 그리고 상실이나 중독이나 남용이나 거절에 대한 우리의 고통에서 비롯되는 소리들이지요. 이러한 소리들은 종종 시끄럽고 떠들썩합니다. 그 소리들이 우리를 귀머거리로 만들 수도 있습니다. 거기에 대한 우리의 가장 무의식적인 반동은 그 소리들로부터 도피하여 우리의 시끌벅적한 세상으로 돌아가 버리는 것이지요.

그러나 우리가 침묵의 영성 훈련을 통하여 제자리에 머무르고 이러한 어두움의 소리들이 우리를 위협하지 못하게 한다면, 그 소리들은 점점 그 힘을 잃고 뒤쪽으로 물러나게 될 것이며, 더 부드럽고 더 상냥한 빛의 소리들이 그 공간을 새롭게 창조하게 될 것입니다.

이러한 소리들은 평화 · 친절 · 상냥함 · 착함 · 기쁨 · 희망 · 용서, 그리고, 무엇보다도 먼저 사랑에 대하여 이야기합니다. 그 소리들은 처음에는 작고 별로 중요하지 않은 것처럼 보일지도 모르고, 우리가 그 소리들을 신뢰하기까지는 꽤 많은 우여곡절이 필요할지도 모릅니다. 그러나 그 소리들은 매우 영속적이서, 우리가 계속 귀를 기울이기만 한다면 점점 더 강해질 것입니다. 그 소리들은 매우 깊은 곳으로부터, 그리고 매우 먼 곳으로부터 옵니다. 그 소리들은 우리가 태어나기 전부터 죽 우리에게 말을 해왔습니다. 그리고 그 소리들은 우리를 세상에 보내신 분 곧 유일한 빛이신 하나님 안에는 어두움이 전혀 없다는 것을 우리에게 드러냅니다.

침묵의 영성, 그것은 우리의 마음보다 큰마음을 지니신 하나님 앞에 머무르는 것을 뜻합니다. 그것은 몸과 마음의 진정한 쉼을 가져옵니다. 바로 이 침묵의 영성 속에서 하나님의 영은 우리 안에서 기도하시며, 우리 안에서 창조적인 사역을 계속 베풀어 가실 것입니다.

반면, 우리에게 이 침묵의 영성이 없을 때 성령은 우리 안에서 소멸될 것이고, 우리는 삶의 창조적 에너지를 다 잃어버린 채 차갑고 지친 모습으로 혼자 외로이 남게 될 것입니다. 침묵의 영성이 없을 때 우리는 이 분주한 세상 한복판에서 중심을 잃은 채 마냥 우리의 관심만을 요구하는 사람들의 피해자가 되고 말 것입니다.

그러므로, 그리스도교의 오랜 전통인 이 침묵의 영성 속에서 자유롭게 숨을 들이쉬며 여러분의 몸과 마음과 영혼, 그리고 여러분의 삶 전체를 하나님의 고귀한 선물로 받아들이십시오. 미래사회로 나아갈수록 이러한 침묵의 영성이야말로 이 시대의 진정한 희망이요, 교회의 궁극적 대안이 될 것을 믿어 의심치 않습니다.

헨리 나웬
(Henri Nouwen, 〈고독의 영성〉의 지은이)

여는 말

우리의 마음은 시끄러운 싸움터입니다. 안에는 투쟁이 있고, 밖에는 두려움이 있습니다. 내면의 갈등이 너무나도 시끄러운 나머지, 우리는 언제나 깬 채로 의사 결정의 딜레마 속에서 허우적거리게 됩니다. 시끄러운 내면의 소음은 우리에게서 힘과 방향감각을 몽땅 빼앗아가 버립니다. 그러니, 이 시끄러운 마음속에서 침묵의 영성을 길러낼 수 있다고 하는 것은 정말이지 복된 소식이 아닐 수 없습니다. 그리고 이러한 침묵 양성을 훈련시키는 것이 바로 이 책의 주요 관심사입니다. 침묵의 영성을 기르는 것은 여러분 혼자서도 얼마든지 해낼 수 있는 일입니다; 여러분 스스로도 얼마든지 즐길 수 있는 일이죠. 여러분은 침묵이 가져다 주는 신뢰감으로 내면의 힘을 기를 수가 있습니다. 하나님의 지혜가 여러분과 저에게 다가옵니다. 지진이나 바람, 불을 통해서가 아니라 고요하고 작은 음성을 통해서 말입니다.

이렇듯 내부의 갈등으로 인한 시끄러움말고도 외부 환경에서 비롯되는 문자 그대로의 시끄러움이 있습니다. 지상과 수상교통 · 비행기 · 구급차 · 소방차 · 건설과 파괴공사 · 군중들의 잡담 · 텔레비전 · 라디오 · 컴퓨터, 그 밖의 많은 것들이 우리의 마음을 시끄럽게 만듭니다. 이 책의 목적 가운데 하나는 바로 여러분이 고독과 고요와 침묵을 발견해낼 수 있도록 힘을 불어넣어 주는 것입니다. 특별히 제가 바라는 것은 여러분과 제가 지금 이 자리에 멈춰 서서, 시끄러운 세상 한복판에서 생겨나는 침묵에 귀를 기울일 줄 알게 되는 것입니다. 예를 한 가지 들어볼까요? 어느 날 저는 강의 때문에 급히 서두르다가 오렌지주스를 한 잔 마시려고 싱크대 앞으로 다가 섰습니다. 문득 밖을 내다보니 홍관조 암컷 한 마리가 나뭇가지에 앉아 있었습니다. 그리고 바로 그 때 수컷 한 마리가 날아와 암컷 옆에 내려앉았습니다. 수컷의 입에는 벌레가 물려 있었습니다. 수컷은 암컷의 입에 벌레를 넣어 주고 사랑스럽게 부리를 비벼댔습니다. 그런 다음 날아가 버렸습니다. 그런데 일분도 채 지나지 않아 그 수컷이 또 벌레를 잡아와서 암컷에게 먹이고 사랑스럽게 쓰다듬어 주었습니다. 이런 의식이 다섯 번인가 계속되는 동안 저는 완전한 침묵 속에서 그 자리에 못 박힌 듯 꼼짝 않고 서 있었습니다. 제 앞에서 벌어지는 한 편의 드라마에만 온 정신을 집중시키고 말입니다. 이 얼마나 은혜로운 일입니까!

  이 책은 침묵이 여러분의 온 존재와 인생관 — 여러분의 내적 존재, 그리고 주변세계와의 상호작용 둘 다 — 에 미치는 영향이 얼마나 큰가를 깨달을 수 있도록 도와줄 것입니다. 저는 또한 이 책이 여러분을 좀더 묵상적인 사람으로 만들어 줄 수 있기를 바랍니다. 물론 하루종일 묵상만 하고 살 수는 없습니다; 일상세계의 활동 속에서 묵상을 발견해 내야만 하는 것입니다. 그러므로 이 책에서 저는 우리를 소모시키는 활동적인 삶의 시끄러움과 갈등에 관하여 논의할 것입니다. 우리는 이 세상으로부터 도망치지 않고도 얼마든지 묵상적이고 관조적인 사람이 될 수 있습니다; 얼마든지 우리의 시끄러운 마음속에서도 침묵의 영성을 길러낼 수가 있는 것입니다.

웨인 오츠

(Wayne Oates)

생존과 희망을 위한 침묵

1

 제가 사는 곳에는 원래 동백나무가 자라지 않습니다; 그럼에도 불구하고, 동백꽃은 제가 아는 꽃들 가운데서 가장 우아하고 아름다운 꽃에 속합니다.

어느 이른 봄날, 아직 노랑수선화가 얼음과 눈보라 속에서 용감무쌍하게 꽃을 피우기도 전에, 제 친구 한 명이 여러 가지 빛깔의 동백꽃들을 한 상자나 보내 주었습니다. 그 친구는 우리 지역에서도 동백나무를 기를 수 있는 몇 안 되는 사람 가운데 한 명입니다. 그리고 그 일을 무척이나 좋아합니다. 그녀는 시간을 들여서 자그마한 온실을 짓고 그 온실 안에 동백나무를 위한 방을 따로 만듭니다. 자기가 아니라 동백나무의 조건에 맞는 방을 말입니다. 그녀는 동백나무의 성장조건을 무척이나 중요시합니다.

침묵은 저에게 이 동백나무와도 같은 존재입니다. 침묵은 본디 저의 세계에서 자라나는 것이 아닙니다. 여러분의 세계에서도 역시 침묵은 이방인에 속합니다. 만일 여러분과 제가 시끄러운 마음속에 침묵을 가질 수만 있다면 그 침묵을 잘 길러내야 할 것입니다. 그러므로, 시끄러운 마음속에서 침묵의 영성을 기르고자 할 때 우리는 자기 자신이 아니라 침묵 자체에 맞는 성장조건을 갖춰 주어야만 합니다. 여러분이 침묵의 가치를 인정하고 소중히 여긴다면, 그리고 제 친구가 동백나무에게 한 것처럼 정성을 다 바쳐서 침묵을 기른다면, 여러분의 시끄러운 마음속에서도 분명 침묵이 자라날 수 있을 것입니다.

예를 들면, 저로서는 이 책을 쓰는 일 자체도 제 세계의 시끄러운 흐름 한가운데서 침묵을 시도하는 일이었습니다. 지금 저는 가장 고요한 시간 — 새벽 다섯 시 — 에 가장 조용한 장소 — 제 집 서재 — 에 앉아 이 페이지를 쓰고 있습니다. 하루를 통틀어 가장 소음 없는 시간이 바로 지금입니다. 그런데도 제 왼쪽 귀에서는 맥박 뛰는 소리가 들립니다. 이 소리는 멀리 간선도로에서 들려오는 차 소음보다도 더 크게 들립니다. 결국 이 글을 쓰기 시작하는 것 자체가 제게는 마치 장애물 통과 훈련과도 같습니다. 여러분도 시끄러운 마음속에서 침묵의 영성을 길러내는 일에 착수할 때 틀림없이 이러한 장애물 통과 훈련을 받게 될 것입니다.

평소처럼 저는 첫페이지를 타자기에 끼우고서 그것이 내는 소음을 듣게 됩니다. 그러면 이 소음은 제 마음속에서 생겨나는 온갖 생각과 감정과 계획이랑 뒤섞여 버립니다. 그래서 저는 구술녹음기를 사용할까 하는 생각도 해봅니다. 이 얼마나 웃기는 일입니까! 지금 저는 여기에 앉아 시끄러운 마음속에서 침묵의 영성을 길러내는 일에 관하여 책을 쓰고 있는데, 그 동안 내내 저 자신의 목소리에 귀를 기울이고 있다니 말입니다. 결국 저는 펜을 집어들고 글을 쓰기 시작합니다. 종이 위에 펜이 굴러가는 아주 작은 소리말고는 아무런 소음도 들리지 않습니다. 그야말로 최소의 소음, 최대의 침묵인 것입니다.

조용히 일할 수 있도록 이 서재를 마련해 준 아내가 참 고맙습니다. 제 아내에게도 역시 침묵은 동백나무 같은 존재입니다. 아내는 부드럽고 조용한 목소리로 얘기합니다. 대화를 나눌 때 아내는 말을 사용하기보다는 사용하지 않을 때가 더 많습니다. 우리는 둘 다 그런 식의 대화를 좋아합니다 — 대부분의 경우에 말이죠.

아내는 저의 침묵을 보호해 줍니다. 저는 아내의 침묵을 존중해 줍니다. 아내는 언제든지 전화벨 소리를 죽이거나 플러그를 뽑을 준비가 되어 있습니다. 침묵의 힘에 관한 아내의 지식은 정말로 은혜로운 선물입니다! 아내는 제 입에서 흘러나오는 말들을 인내심 있게 듣고 있다가 짤막하고도 현명한, 그리고 아주 적절한 단어들로 이루어진 한두 문장을 이야기할 뿐입니다. "당신은 지금 마음의 엔진을 꺼놓을 필요가 있어요. 잠시 조용히 쉬세요." 이런 식으로 말입니다.

침묵은 시끄러운 마음속에서도 얼마든지 자라날 수 있습니다. 그렇습니다. 제 마음은 아주 시끄럽습니다. 온 존재로 살아남기 위해서 저는 이렇듯 침묵의 영성을 기르는 시도를 해야만 합니다. 여러분도 저와 함께 하십시오.

여러분의 삶과 일 역시 — 그 나름대로의 독특한 방식을 갖고 있긴 하지만 — 저의 삶과 일이랑 비슷할 것입니다. 예전에 예약 없이 환자를 받는 병원에서 근무할 때 저는 하루종일 시끄러움 속에서 살았습니다. 그 당시의 소리와 사건들이 아직도 마음속에 생생히 살아 있습니다.

경찰이 탈옥한 죄수에게 수갑을 채우려고 몸싸움을 벌이고 있습니다. 그 죄수는 자유로운 손으로 이미 세 사람이나 때려눕혔습니다. 비명소리와 총소리, 욕설과 울부짖는 소리가 공기 중에 가득합니다. 이 사건은 제 사무실 바로 밖에서 벌어지고 있습니다. 전화벨 소리가 끝도 없이 울립니다. 온갖 소음이 뒤섞인 가운데 저는 귀에 거슬리는 전화벨 소리에 응답합니다. 한 환자가 고통과 분노 속에서 울부짖습니다. 응급실 의료진이 제 사무실 창문 바로 너머에 있는 병원 응급실 입구로 구급차를 몰고 옵니다. 사이렌 소리가 울리고 경찰이 소리칩니다. 대기 중이던 가족들은 상대방의 관심을 끌기 위하여 서로들 목소리를 높입니다. 그 북새통 속에서 학생들은 내내 자기가 돌볼 환자들의 사고경위를 보고받습니다. 저는 동료 의사들과 잠깐 동안 서로 이야기를 나눕니다. 그러나 삼분도 채 못돼서 금방 방해를 받습니다. 그런 식의 사건들이 마음속에서 온통 소란벅석을 떨고 나면 저는 침묵을 갈망하게 됩니다.

그러나, 이 모든 소음들 가운데서도 침묵은 자라날 수 있습니다.

오랫동안 만나지 못했던 동료 한 사람이 제 어깨를 가볍게 치면서 악수한 다음 팔꿈치를 지그시 누르며 아무 말 없이 멀어져 갑니다. 비서가 조용히 제 사무실 문을 닫아 바깥의 소음과 방해를 차단시켜 줍니다. 한 환자가 이렇게 말합니다: "이야기 나누기 전에 잠시만 조용히 있으면 안 될까요? 숨 좀 돌려야겠어요." 함께 돌보고 있던 환자의 자살 소식을 방금 전해듣고 동료의사와 저는 같이 눈물을 흘립니다. 커다랗고 시끄러운 식당에서 한 간호사가, 의사가, 아니면 조수가 식판을 들고 지친 모습으로 자리에 앉은 다음, 음식 너머로 조용히 인사를 합니다.

이 모든 모습들을 통해서 저는 듣는 이의 존재를 인식합니다. 시끄러운 마음속에 침묵이 생겨나 자랄 수 있도록, 마음속으로 들어오는 온갖 소음들을 차단하면서 듣는 존재 말입니다 — 여러분과 제가 어디에 있는가는 전혀 상관없습니다.

그러면, 이렇듯 시끄러운 마음속에서 성장조건에 맞춰 길러낼 수 있을 만한 침묵의 씨앗을 발견해야만 하는 우리의 입장을 제대로 이해하기 위해서, 제가 말하는 "침묵"과 "시끄러운 세상"이 여러분이 생각하는 것과 같은 것인지 아닌지부터 먼저 살펴보기로 하겠습니다.

침묵의 메시지

침묵은 시끄러운 소리나 말이 없는 상태를 말합니다. 침묵은 여러분도 할 수 있습니다. 여러분은 자신의 혀를 침묵시킬 수 있습니다. 여러분은 분명 조용해질 수 있습니다! 좀더 거친 표현을 쓰자면,

입 닥치고 있을 수 있는 것입니다.

첫아들이 세 살이었을 때의 일이 생각납니다. 그 아이는 언제 어디서 누구를 보더라도 입 닥치라고 말하는 버릇이 있었습니다. 다정하게 설득도 해보고 엄하게 명령도 내려보았지만 아무런 소용이 없었습니다. 결국 저는 아들의 입술에 손을 대고 절망적으로 말했습니다. "애야! 이제 그 '입 닥쳐!'라는 말 좀 그만 입 닥치지 못하겠니!" 마치 한계상황에서 구원받은 것 같은 느낌으로 그 아이는 신기하게도 혼자서 그 버릇을 침묵시켰습니다. 여러 주가 지난 어느 날, 저는 아들이 휘파람을 불면서 즐겁게 웃는 소리를 들었습니다. 뭐가 그렇게도 재미있냐고 물었더니 아들은 이렇게 대답했습니다: "나에게 '입 닥쳐'라고 말할 수 있어서요. 그렇게 하는 건 아무도 신경쓰지 않는다는 걸 알았거든요!"

침묵은 여러분 혼자서 할 수 있는 일이고, 더 나아가서는 즐길 수도 있는 일입니다. 시끄러운 마음은 여러분에게 많은 영향을 미칠 수 있습니다; 그 마음속에서 여러분은 침묵의 영성을 길러낼 수가 있습니다. 그 마음에 대하여 여러분은 뭔가를 할 수가 있습니다.

여러분은 지금 침묵을 찾아 헤매고 있습니다. 하지만 단순한 상황에서는 결코 침묵을 발견할 수가 없습니다. 예를 들어, 일상생활 가운데서 여러분이 가장 자주 침묵을 발견하는 곳은 어디입니까? 우리 형편에 하루나 한 주일, 한 달이나 또는 한 해를 완전한 고독 속에서 순전히 혼자 지낸다는 것은 그야말로 사치입니다. 그럼에도 불구하고, 시끄러운 마음속에서 침묵의 영성을 기르려면 그 같은 고독이 — 제 친구의 온실처럼 — 우리의 존재 자체와 생존에 꼭 필요합니다. 하지만 우리에겐 은둔지역의 큰 수도원이나 기도원, 또는 바닷가의 값비싼 방을 찾아갈 만한 여유가 없습니다. 우리에겐 고대의 숲 속이나 사람 발길이 닿지 않은 광야를 산책하고픈 갈망을 채울만한 여유가 없습니다. 지금 당장 침묵이 필요하기 때문입니다.

마이어 프리드만과 래이 로젠만 박사는 다음과 같이 말합니다: "…… 존재할만한 가치가 있는 것을 얻는 데에는 언제나 긴 고독의 시간이 필요하다 …… 홀로 되기 위해서는 언제나 혼자 있을 수 있는 장소가 필요하다." 그들은 호화로운 사무실과 대저택을 갖고 있는 텍사스의 한 친구 이야기를 들려 줍니다: "고독을 찾기 위하여 ……그 친구는 자기와 아내를 위해 마련해둔 무덤을 정기적으로 찾아간다."[1] 내면의 묘지는 침묵의 장소로 딱 어울리는 곳입니다 — 하지만 아무리 그렇다 하더라도 죽음처럼 깊은 침묵은 우리가 찾고 있는 침묵이 아닙니다. 그렇지 않습니까?

오히려 우리는 "무한한 공간의 영원한 침묵은 나를 공포에 떨게 만든다"라고 한 파스칼의 말에 더 동감합니다.[2] 침묵 속에서 진정한 자아를 만나기 때문에 우리는 침묵으로부터 도망칩니다. 진정한 자아를 만난다는 것, 그것은 우리를 두렵게 합니다. 너무나도 큰 공포 때문에 우리는 차마 자기 내면의 묘지에서 침묵을 찾아내지 못하는 것입니다.

저는 여러 장소에서 침묵을 찾습니다. 우선은 한번에 한 가지 목적이나 한 사람, 또는 한 가지 생각에만 관심이 집중되어 있을 때 저는 마음속에서 침묵을 발견합니다. 우리를 둘러싸고 있는 세상은 우리가 여러 가지 일에 관심을 쏟도록 끊임없는 공세를 퍼붓습니다. 한번에 한 사람의 말에만 귀를 기울이고, 한번에 한 가지 목적에만 관심을 쏟고, 한번에 한 가지 생각에만 집중하기로 작정을 하면 다른 수많은 관심거리들을 침묵시키는 데 큰 효과를 볼 수 있습니다.

침묵의 장소를 발견하는 또 하나의 방법은, 있는 그대로의 자연이 우리에게 전해 주는 것들을 관찰하고 그 소리에 귀기울이기 위하여 인공적인 것들, 소리의 세상이 만들어낸 것들을 모두 벗겨내는 것입니다. 존 키츠는 다음과 같이 묘사합니다:

> 나는 작은 언덕 위에 발돋움하고 섰다.
> 공기는 서늘하고 무척이나 고요했으며
> … 잎사귀들 사이로 소리 없는 작은 소리가
> 침묵이 토해낸 한숨에서 생겨나
> 그 곳을 슬그머니 빠져나갔다 …
> 등심초 우거진 실개천 둑에 받쳐 놓은
> 구부러진 판자들 위에 오래 머물렀다가,
> 자연의 온순한 행동들을 지켜본다:
> 나무비둘기 울음소리보다 더 부드럽게 들린다.
> 굽이굽이 흐르는 물소리는 어찌나 조용한지,
> 아주 작은 휘파람소리보다도 더 조용한데 …[3]

그러한 사건은 온갖 인공적인 소음들을 인식의 범위에서 지워 버리고, 또한 시끄러운 마음속에서 침묵이 자라날 수 있도록 만들어 줍니다.

하지만 자연세계는 소리 — 바람이 살랑거리는 소리, 새들의 음악소리, 동물들의 울음소리, 나뭇가지 삐걱거리는 소리, 파도가 부서지는 소리 — 와 더불어 숨쉬고 있습니다. 이런 소리들은 타이어에서 나는 날카로운 소리나 자동차 경적 소리, 트럭이 덜커덕거리는 소리, 제트기의 포효 소리와는 근본적으로 다른 것으로서 좀더 호감이 가는 소리입니다. 그런 소리들은 우리로 하여금 시인 로드 바이런이 말한 것처럼 느끼게 해줍니다:

인적 없는 숲 속에 즐거움이 있고,
외로운 바닷가에 환희가 있으며,
아무도 침입하지 않은 곳에 사회가 있고,
깊은 바다에, 그리고 파도의 거센소리 속에 음악이 있다;
나는 인간도 많이 사랑하지만, 자연을 더욱 더 사랑한다.[4]

이런 즐거움은 제 친구 빌 오우쉔스키의 지옥 묘사를 보고 느끼는 것과는 정반대 되는 것입니다: 그의 지옥 개념은 교통 혼잡 속에서 초소형 자동차를 운전하는 사람에 견주어 묘사됩니다. 앞에서는 대형버스가 이 사람의 환기창 속으로 디젤 연기를 내뿜고 있습니다. 그리고 옆에서는 두 대의 세미트레일러 트럭이 스테레오로 엔진을 돌려대고 있습니다!

한편 레이첼 칼슨은 자신의 저서인 〈침묵의 봄〉에서 원치 않는 침묵 속에 빚어지는 온갖 종류의 지옥에 관하여 자세히 묘사하고 있습니다.[5] 그녀는 인간의 목적을 위해 자연을 황폐화시키는 것에 관하여 이야기합니다. 자연의 황폐화가 가져온 결과는 수없이 많은 미국 공동체들 속에서 봄의 소리가 침묵해 버렸다고 하는 사실입니다. 이러한 침묵은 너무도 완전무결해서 전혀 자연스럽지가 못합니다. 이 침묵은 애퍼매톡스나 게티즈버그나 노르망디 해변의 고요함처럼 고대의 전쟁터를 방불케 하는 침묵입니다. 완벽한 침묵은 거의 찾기가 힘듭니다.

언젠가 한번은 삼인조 민요가수와 대화를 나눌 기회가 있었습니다. 그들은 고등교육을 받은 데다가 표현력도 풍부한 아주 매력적인 사람들이었습니다 — 두 명은 젊은 신사였고, 한 명은 사랑스러운 숙녀였죠. 우리는 음악과 소리와 침묵에 관하여 의견을 나누었고, 그들은 저에게 자기들이 경험한 침묵 시도에 관하여 이야기해 주었습니다. 그들은 비교적 방음장치가 잘된 음악실에서 인간이 만들 수 있는 가장 완벽한 침묵 속에 모여 앉아 있었습니다. 아주 오랜 시간 동안 침묵에 귀를 기울이고 나서 그들은 자기가 느낀 것들을 적기 시작했습니다. 그런데 이게 웬일입니까! 세 사람 다 만장일치로 그 건물 자체가 아주 조금씩 움직이는 소리를 들었다고 적어낸 것이었습니다. 그들은 셋 다 건물이 내는 딱 소리, 펑 소리 — 거의 쉴새없이 움직이는 소리 — 를 들었던 것입니다! 그들이 경험한 것은 토마스 머튼의 기분을 그대로 반영해 주고 있습니다:

고요히
벽돌에 귀기울여라.
조용히 해라, 벽돌이
당신을 부르려 한다.

당신의 이름을.
살아 숨쉬는 벽에
귀를 기울여라.
너는 누구인가?
누구인가

너는? 너는
누구의 침묵인가?

너는(조용히)
누구인가(이 돌들은 고요함이다)…6)

침묵은 "살아있지 않은" 벽의 세계로부터 말을 걸어옵니다. 머튼은 겟세마네 대수도원 가톨릭 수사들의 트라피스트회에 소속되어 있었습니다. 침묵은 그들이 지켜야 할 규칙들 가운데 하나입니다. 하지만 그렇다고 해서 "수사들이 *절대로* 바깥에 나가서는 안 된다거나, *절대로* 편지를 받아서는 안 된다거나, *절대로* 방문객을 맞아들여선 안 된다거나, *절대로* 사람들과 얘기를 나눠선 안 된다거나, *절대로* 어떤 소식을 들어서는 안 된다거나 하는 것은 아닙니다. 수사는 쓸모없고 해로운 것들과 유용하고 이로운 것들을 구별할 줄 알아야 합니다. 그리고 수사는 *범사에* 하나님께 영광을 돌려야 합니다."[7] (이탤릭체는 지은이의 강조)

머튼은 여기에서 "구별"이라는 단어를 사용합니다. 침묵과 관련하여 이 말이 의미하는 것은 무엇일까요? "구별"이라는 말속에 숨어 있는 것은 시끄러운 마음속에서 침묵의 영성을 길러낸다고 하는 기본적인 원칙입니다. 구별이라는 것은 수많은 소리들 — 소음과 어조와 단어들 — "가운데서" 우리에게 깨끗한 마음과 올바른 정신을 선사해 주는 유용한 소리만을 "골라내는" 것을 의미합니다.

우리는 언제나 말해야 할 것과 말하지 않아야 할 것들을 평가합니다; 우리는 끊임없이 귀기울여야 할 것들을 선택하고 있습니다. 하나님의 영이 보호하시는 가운데, 우리는 개인적인 침묵 영역을 먹이고 기르고 양육할 수 있도록 분별력과 선택의 힘을 키워 가고 있습니다. 예수께서는 "말이 많은" 기도를 제시하지 않으셨습니다. 오히려 간단명료하게 말하라고 가르치셨죠. "예"는 "예", "아니오"는 "아니오"라고 말해야 하는 것입니다.

그렇다면 침묵 역시 말과 전혀 다를 바가 없습니다. 침묵은 말하고자 하는 것, 듣고자 하는 것을 선택할 수 있게 해주는 훈련입니다. 따라서 침묵을 기른다는 것은 곧 관심과 돌봄과 헌신을 무엇에 집중시켜야 하는가를 분별할 수 있도록 힘을 기르는 것입니다.

만일 여러분이 진실만을 이야기하겠노라고 경계를 정한다면, 또 만일 여러분이 사랑 안에서만 남의 이야기를 듣겠노라고 스스로 경계를 정한다면 아마도 지금보다 훨씬 더 말수가 줄어들게 될 것입니다. 그래도 여러분이 하는 말은 지금보다 백 배나 더 큰 영향력을 발휘하겠죠. 만일 관심을 기울일(귀기울일) 대상의 경계를 정해놓거나, 변화시키거나, 확장시킨다면 여러분은 자신이 원하는 바로 그런 사람이 될 수 있을 것이며, 자기가 가고자 하는 바로 그 방향으로 나아가게 될 것입니다.

여러분과 제가 완전한 침묵을 경험할 수 있는 기회는 좀처럼 드뭅니다. 우리는 매순간마다 자기가 귀기울이고자 하는 대상을 결정짓습니다. 그리고서 나머지 소음들은 차단시켜 버립니다. 완벽한 침묵이란 듣지도 보지도 못하는 사람들의 배타적 영역입니다. 하지만 선택의 힘은 바로 이 귀머거리 장님들에게서 비롯됩니다. 그들은 평범한 소음이나 피상적인 대화, 지독한 언사들에 귀기울이지 않아도 된다는 호사를 누리고 있습니다. 그러나 그들에게서 선택의 힘을 제거해 버린다는 것은 정말이지 너무나도 잔혹한 운명입니다.

헬렌 켈러는 어린 시절 불치의 병으로 귀머거리 장님이 되었습니다. 애니 설리번은 이런 헬렌 켈러에게 촉각·후각·미각을 사용하여 읽는 방법을 가르쳤습니다. 자서전의 결말 부분에서 헬렌 켈러는 다음과 같이 이야기합니다:

> 운명 — 조용하고도 냉혹한 운명 — 이 길을 막고 있다. 나는 운명의 오만한 판결에 대해 기꺼이 따져 묻고 싶다; 내 마음은 이다지도 미숙하고 성급한데, 내 혀는 입술에서 솟구치는 신랄하고도 경망한 말들을 도무지 내뱉질 않기 때문이다. 내 말들은 마치 흐르지 않는 눈물과도 같이

다시 내 마음속으로 되돌아간다. 침묵이 내 영혼 속에 끝없이 가라앉는다. 그러고 나면 미소와 휘파람이 희망이 되어 흘러나온다. "무사무욕에 기쁨이 있다." 그래서 나는 다른 사람들의 눈 속에도 나의 태양 빛을 비춰 주고, 다른 사람들의 귓속에도 나의 교향곡을 들려 주고, 다른 사람들의 입술에도 나의 행복스런 미소를 심어 주기 위해 늘 노력한다.[8]

하지만 여러분이나 저나 늙기 전에, 또는 감각기관의 과부하로 인하여 귀가 안 들리게 되기 전에, 분명히 선택의 기회를 가지게 됩니다. 시끄러운 세상의 충격, 마음속 고집스런 목소리의 외침, 노환으로 인한 청력상실 — 이 모든 것들이 여러분더러 자기만의 특별한 침묵을 선택할 수 있는 힘을 기르라고 부추깁니다. 마치 동백나무처럼 마음속에 방을 따로 마련해 두고 길러낼 수 있는 그런 침묵을 말입니다. 이즈음에서 두 번째 의문이 생깁니다: 그러면 "시끄러운 마음"이란 무엇일까요?

시끄러운 마음

소음이란 원치 않는 소리, 또는 여러분이 귀기울여 듣고자 하는 것과 여러분 사이를 파고드는 소리를 가리킵니다. 여러분이 원하는 것은 바로 "마음" 속에 있습니다. 그리고 여러분이 듣지 않으려 하는 것, 이것들이 바로 여러분의 마음을 시끄럽게 만듭니다. 여러분이 귀기울여 듣고 싶어하는 것들은 여러분의 관심을 붙듭니다. 여러분이 귀기울여 듣고 싶어하는 것들은 깊고 깊은 욕구가 관심을 집중시켜 왔던 것들입니다.

그러면 그런 것들이 과연 정말로 가치 있는 것들일까요? 여러분으로 하여금 귀기울이지 못하게 하는, 관심을 쏟지 못하게 하는, 그리고 심지어는 여러분의 마음이 원하는 것들조차도 듣지 못하게 하는 이 소음은 얼마든지 지워버릴 수 있습니다. 그렇다면 여러분은 어떤 것에 귀를 기울일 것입니까? 아니, 여러분은 과연 침묵을 견뎌낼 수 있습니까?

여기에서 "시끄러운 마음"이라 함은 적어도 세 가지 의미를 담고 있습니다. 첫째로, 소음은 여러분의 귀청에 — 선택했든 안 했든 간에 — 들려오는 소리의 하중을 말합니다. 소음에 관한 기술적 연구는 수없이 많이 이루어지고 있습니다: 기관총과 대포 사격, 그리고 폭탄의 폭발이 전투중인 군인의 귀에 청각 장애를 일으키게 하는 영향; 자가용과 트럭과 기차의 소음, 사이렌 소리, 경적 소리가 — 청각뿐만 아니라 전 인격에 — 미치는 영향; 제트기의 이착륙 소리, 충격 음파가 미치는 영향 — 이 문제는 공항의 위치, 항공기의 비행 경로, 그리고 몸집과 소음이 더 큰 제트기들을 허용할 것인가 말 것인가에 관한 열띤 논쟁을 불러일으키고 있지요. 기계로 음량을 증가시킨 — 특히 폐쇄된 공간에서 — 록음악은 실제로 듣는 이들의 청각을 손상시킵니다. 이런 예들은 보통 "하중"이라고 말할 때 어느 정도로 크고 강렬한 소리를 가리키는지를 잘 보여 줍니다.

"마음속에" 들려오는 소음의 둘째 의미는 어떤 소음이 괴로우리만큼 골칫거리로 들려오는 것을 뜻합니다. 예를 들면, 특정 소음의 경위는 불쾌감의 좋은 지수가 됩니다. 기차가 기적 소리에 엔진 소리, 바퀴 소리까지 내며 달려온다 해도 사랑하는 가족이 도착하기만을 기다리고 있는 상황이라면 그 기차 소리가 마치 음악처럼 들려올 것입니다.

하지만 똑같은 기차 소리라 할지라도 그 기차가 매주 수요일 새벽 세시마다 여러분 집 앞을 통과한다면 무척 괴로울 것입니다 — 그 소리에 종종 잠을 깰 것이고, 아무리 자주 들어도 그 소음에 익숙해지기란 정말 힘든 일일 것입니다. 이렇듯 특정 소음에 대해 여러분이 지니는 의미와 가치와 만족과 기쁨의 구조는 그 소음을 허용할 만한 것으로 "받아들일 것인가" 아니면 골칫거리로 "외면할 것인가"를 구별지어 줍니다.

셋째로, "마음속의" 소음은 일상생활 속에서 다른 사람들로 인해 빚어지는 마찰을 의미합니다. 저는 이것을 사람들 사이의 소음이라고 부르고 싶습니다. 이런 소음은 아무 말도 하지 않으면서 냉대하는 사람, 또는 그저 혐오스럽다는 듯 불쾌하게 바라보는 사람의 경우처럼, 육체적으로는 아주 조용하게 일어나는 사건을 통해서도 빚어질 수 있습니다.

사람들 사이의 소음은 귀에 들리건 안 들리건간에 마음속으로 곧장 파고드는 그런 소음입니다. 사람들 사이의 소음은 경쟁적인 출세와 지위확보의 곤경에 처했을 때 생겨날 수 있습니다. 사람들 사이의 소음은 인간상황에 대한 양식과 가치의 오랜 차이에서 비롯될 수도 있습니다. 사람들 사이의 소음은 원한과 불신이 너무 팽배해져서 아무리 소란을 잠재워도 전혀 소용없는 상황에서 생겨날 수 있습니다. 소음, 특히 상이한 사람들 사이의 소음은 여러분의 육체와 생활을 일으켜 세우는 게 아니라, 오히려 무너뜨려 버리기에 충분할 정도로 심혈의 기능을 변화시킵니다.

누군가는 이렇게 말했습니다: "난 내 혈관을 너무도 존중하기 때문에 끊임없이 화내고 격노해야 하는 곳에서는 살지 못합니다." 시끄러운 마음속에 침묵의 영성을 기르기 위해서는 먼저 사람들 사이에서 계속적으로 벌어지는 일들의 뿌리 주변에 구멍을 파는 일부터 시작해야 합니다.

여러분과 다른 사람들 사이에서 계속적으로 벌어지는 일들을 한 번 면밀히 검토해 보십시오. 그러면 여러분의 마음속에 소음을 일으키는 원인이 얼마나 많은가를 깨닫게 될 것입니다. 그러한 소음들은 여러분이 침묵의 영성을 기르려고 생각했던 토양에 손상을 입힐 수 있습니다. 따라서, 여러분이 사람들 사이에서 행하는 일부 행위들은 시끄러운 마음속에 침묵을 기를 수 있는가 없는가를 시험해 볼 수 있는 다음의 토양 평가용 질문들로 표현될 수 있을 것입니다.

1. 불가능한 일, 부당한 일, 또는 여러분이 보기에 — 자신의 마음이 묵상하는 것과는 상관없이 — 부도덕하고 비윤리적이라고 생각되는 일들을 끊임없이 요구해오는 사람이 있습니까? 만일 그렇다면 여러분은 지금 분노와 혼란과 굳어 버린 양심, 그리고 우유부단함과 투쟁을 하고 있을 것입니다. 그리고 이것들은 여러분의 온 존재가 지닌 고요함과 평온함을 파괴시켜 버립니다. 다른 사람의 요구에 대해 과감히 '아니오'라고 말함으로써 자신의 결정을 전달하고, 또 이를 통해 현실적으로 자신을 일으켜 세움과 동시에 쓰라린 경험에 마침표를 찍는 것, 이것이야말로 여러 가지 갈등으로 고통받고 있는 마음속에 침묵과 평화를 길러내기 위한 시도입니다. 여러분은 외로워질 수 있습니다; 여러분은 침묵을 지니고 있습니다; 그렇다면 과연 여러분은 그 침묵을 견뎌낼 수 있습니까? 아니면 지금처럼 다른 사람들의 요구에 마냥 중독된 채로 있을 작정입니까?

2. 여러분에게 모순된 메시지를 전하는 사람이 있습니까? 예를 들면, 어떤 사람이 여러분에게 도움을 청하면서 여러 가지 말을 해놓고선 — 나중에 그 쪽에서 보답을 할 때가 오면 "여러분의 마음속에" 그 사람이 마치 여러분을 도와준다고 생각하는 것 같은, 여러분 스스로는 해낼 수 없다고 생각하는 것 같은 느낌이 들도록 합니까? 이 얼마나 여러분 마음속에 커다란 소음을 안겨 주는 일입니까!

이럴 때 여러분은 불편함을 느끼게 되고, 할 말을 잃고 쩔쩔매게 될 것이며, 마음속은 지독히도 혼란스러울 것입니다.

그러므로 이중적인 메시지는 침묵시켜야만 합니다. 다음과 같이 단순 명확하게 말해 보십시오: "널 도와줘야 한다면 난 기쁘게 도와줄 거야. 하지만 넌 그 보답을 하면서, 정말로 날 도와주고 싶다고 얘기할 거지? 네 도움 없이 나 혼자선 그 일을 못할 것 같니?" 이렇게 말하면 이중적인 메시지가 똑똑히 보이게 될 것입니다. 이야기가 똑바르게 전달될 것입니다. 혼란스러운 메시지가 명백히 밝혀질 것입니다. 사람들 사이의 소음이 잠잠해질 것입니다.

3. 여러분의 삶 속에, 건강하게 성장해서 이젠 얼마든지 혼자 생각할 수 있는 힘이 있는데도 24시간 계속해서 여러분의 전적인 관심을 요구하는 사람이 있습니까? 여러분이 만일 갓난아기의 엄마라면 제가 말한 대로 그야말로 24시간 계속해서 아기에게 관심을 쏟아야만 할 것입니다. 하지만 열여덟 살, 열아홉 살, 서른네 살, 심지어는 마흔 살 먹은 사람이 매 순간마다 여러분의 관심을 필요로 한다면, 그것은 여러분의 "마음속에 소음을" 불러일으킬 것입니다. 아주 나이가 많은 친척이나 장애가 있는 사람에게는 물론 그러한 관심이 필요하겠지요. 그러나 한 개인에게 전적인 관심을 쏟아부을 수 있는 것은 오직 하나님 한 분뿐이십니다. 여러분은 하나님이 아닙니다.

그러므로 관심의 분배가 — 아무리 갓난아기라 할지라도 — 제대로 이루어져야 합니다. 간호사나, 동료나, 친척이나, 이웃이나, 우연한 방문자가 모두 함께 그 짐을 나눠야만 합니다. 그런데도 여러분은 그 짐을 나눠 줄 수가 없어 시끄러운 마음을 안고 있지나 않나요?

보통 여러분의 전적인 관심을 요구하는 대상은 소유욕이 강하고 질투심이 많은, 그리고 여러분 자체에만 목적이 있는 아들딸·부모·친구·배우자일 경우가 많습니다. 여러분은 격노와 불안으로 가득 차 있습니다. 여러분은 그 사람을 사랑하는 동시에 원망하기도 합니다. 여러분은 선량한 자기 의도의 희생양입니다.

물론 그 사람을 여러분의 마음과 정신으로부터 몰아낸다는 것은 거의 불가능한 일입니다. 하지만 그 사람으로 하여금 여러분의 마음에 있는 방을 모두 다 차지하게 내버려두는 것 역시 불가능한 일이기는 마찬가지입니다. 여러분의 시끄러운 마음을 이 진퇴양난의 곤경에서 해방시키기 위해서는 좋은 친구나 상담가 — 목회자나 교사, 의사나 사회복지사 같은 사람들 — 로부터 현명한 도움을 받아야 합니다. 나아가 여러분은 그 사람이 더 이상 삶 속에서 하나님의 자리에 여러분을 앉히지 않도록 결심시켜 줘야만 합니다. 오직 하나님만이 주실 수 있고 오직 하나님만이 사로잡으실 수 있는 관심을 그 사람이 요구하도록 내버려둬서는 안 됩니다. 그런 게임은 결국 병원이나 이혼법정이나 영안실에서 끝날 수밖에 없는 죽음의 게임이기 때문입니다.

여러분과 여러분의 시끄러운 마음속에 소음만 가득 채우는 요구를 해대는 그 사람을 위하여, 하나님께서는 죽음이 아니라 생명을 예비해 두고 계십니다:

> 내 영혼이 잠잠히 하나님만을 기다림은;
> 나의 구원이 그분에게서만 나오기 때문이다.
> 하나님만이 나의 반석, 나의 구원,
> 나의 요새이시니; 나는 전혀 흔들리지 않는다. [시편 62:1-2]

4. 여러분의 마음을 끊임없는 소음으로 꽉 채우는 고통스런 배신

이나 실패나 또는 관계 두절에 관한 과거 기억이 있습니까? 여러분의 삶은 만일 …… 했더라면, 만일 …… 했더라면, 만일 …… 했더라면 다른 식으로 끝났을 수도 있는 옛 사건들을 끊임없이 재연하고 있습니다. 어쩌면 여러분은 잘못을 저지른 사람을 용서하지 못하고 있을지도 모릅니다. 아니, 사실은 바보처럼 보이는 자기자신을 더 용서하지 못하고 있는 것일 수도 있습니다.

이럴 경우, 여러분 혼자서는 결코 시끄러운 마음을 고요하게 만들 수 없습니다. 결국 무력감과 좌절감 속에서 기진맥진한 채로 하나님께 여러분의 영혼을 좀 잠잠하게 해달라고 기도하게 될 것입니다. 하지만 그런 기도를 하고 있는 순간조차도 여러분은 애초에 이 모든 혼란이 벌어지도록 내버려두신 하나님을 용서하지 못하고 있을 수 있습니다.

그렇다면 여기에서 한 걸음 더 나아가는 것은 어떨까요? 지금 여러분이 마치 판사나 배심원이나 교도관이나 사형집행인처럼 굴고 있다는 사실을 직시하십시오. 가차없이 혹독한 방식으로 여러분은 지금 하나님의 자리에 대신 올라앉아 있습니다. 여러분이 하나님을 용서할 수 있는 존재입니까? 여러분이 하나님보다 더 큰 존재입니까? 만일 이 말을 듣고도 웃음을 터뜨릴 정도로 어리석게 느껴지지 않는다면 여러분의 유머감각을 아예 통째로 갈아야 할 것입니다! 언제나 그렇듯이, 웃음이란 일종의 용서와도 같습니다. 지금 역시 마찬가지고요! 여러분은 마음의 문을 닫아걸고 열쇠를 내던져 버렸습니다. 여러분은 시편 기자처럼 자신의 생각마저도 좋아할 수가 없습니다:

나는 탄식만 하다가 지치고 말았습니다;
밤마다 짓는 눈물로 침상을 띄우며;

내 잠자리를 적십니다.
사무친 울화로 내 눈은 시력까지 흐려지고;
대적들 등쌀에 하도 울어서 눈이 침침합니다. [시편 6:6-7]

여러분의 마음에서 비롯된 소음은 곰팡내 나는 케케묵은 악취를 잔뜩 내뿜습니다. 신선한 공기를 쐬게 해주면 여러분의 마음에서 나는 소리도 좀 나아질 것입니다. 여러분의 마음 문을 열고 새로운 지혜의 신선한 산들바람을 맞이하십시오. 전혀 다른 각도의 전망을 지닌 사람과 대화를 나눠 보십시오.

여태껏 여러분은 오직 한 각도의 전망에만 충실해 왔습니다. 어쩌면 다른 사람의 관점이 여러분의 시끄러운 마음에 전혀 새로운 공기를 불러일으킬 수도 있을 것이며, 그로 인해 여러분은 소음에서 벗어나 침묵 — 여러분의 삶 속에 존재하는 요구와 이중적 메시지, 소유욕이 강한 사람들, 그리고 여러분이 재연하는 고통스런 기억들을 침묵시키는 것 — 이 가져다주는 평온함으로 향하는 "마음의 변화"를 경험할 수도 있을 것입니다.

여러분이 옳습니다. 그런 변화는 여러분의 마음에 대한 특별한 이해를 필요로 합니다. 사람들은 곧잘 얘기합니다. "내 마음만 알 수 있다면 ……"이라고요. 여러분은 자신의 마음속을 가까이 들여다보고 다음과 같은 질문들을 던져본 적이 있습니까?

1. 내 마음은 열려 있으며 가르침을 잘 듣는가? 예수께서는 여러분과 제가 "머리"라고 말하는 것을 가리키기 위하여 "마음"이라는 단어를 사용하셨습니다. 마태복음 19장 8절에서 예수님은 "너희의 마음이 완악" 하다고 말씀하십니다; 뉴 잉글리쉬 바이블은 이 말을 "너희의 마음이 닫혀" 있다고 번역하며, 예루살렘 바이블은 "너희가 가르침을 잘 듣지 않는다"고 번역합니다. 여기에서 닫혀 있다

와 가르침을 잘 듣지 않는다는 완고하다로 바꿀 수 있습니다.

이것은 바울이 "서로 친절히 여기며, 불쌍히 여기며, 하나님께서 그리스도 안에서 여러분을 용서하신 것같이, 서로 용서하십시오"(에베소서 4:32)라고 말한 것과 정반대 되는 것입니다. 그렇지만 그 말을 달리 번역하면 결국 같은 의미가 됩니다: 여러분은 다른 사람들로부터 뭔가를 배울 수 있습니까; 여러분은 다른 사람의 입장에 서서 그 사람의 기분을 이해할 수 있는 능력을 갖추고 있습니까?

2. 나는 낙담하여 있는가? 나는 용기를 잃었는가? "용기"라는 단어는 "마음"을 뜻하는 라틴어에서 비롯되었습니다. 마음을 잃는다는 것은 곧 용기를 잃는 것, 낙심하는 것을 의미합니다. 두려움을 극복하고서 용기를 되찾는다는 것은 곧 용기를 얻는 것을 의미합니다. 예수께서는 이것에 대해 자주 말씀하셨습니다: "너희는 마음에 근심하지 말아라. 하나님을 믿고; 또 나를 믿어라"(요한복음 14:1).

3. 여러분이 "마음"이라는 말을 쓸 때 그것이 무엇을 의미하는지를 깊이 생각해 보십시오. 종이 한 장을 펼쳐 놓고서 "마음"이라는 말이 의미하는 바를 적어 보십시오. 마음이 곧 용기를 의미합니까? 그렇다면 여러분은 마음과 더불어 용기를 얻게 됩니다. 그리고 "마음을 잃을" 때 낙담하게 됩니다. 마음이 곧 친절을 의미합니까? 그래서 "인정이 있다"고 말합니까? 그렇다면 여러분은 친절히 대하라고, 또는 관대해지라고 다른 사람에게 권유할 것입니다.

마음이 곧 도전의식, 솔선정신, 목적의식을 의미합니까? 그리하여 직장생활이나 부부관계 등에서 이런 의식이 모두 사라져 버렸을 때 여러분은 "이걸 할 수는 있는데, 내 마음이 이미 떠났어"라고 말합니까? "마음으로" 뭔가를 배울 때 여러분의 기억력을 의미합니까? 이것이 바로 여러분이 의미하는 바입니까? 아니면 다른 사람에게 냉대를 받았을 때 여러분이 느끼게 되는 거절당한 듯한 느낌이나 수치감, 완전히 깎임을 당한 듯한 기분을 의미합니까? 여러분은 "그 사람이 나에게서 마음을 제거해 버리기 전까지 난 잘해 내고 있었어"라고 말할 수 있을 것입니다. 아니면 "난 '속속들이' 유린당했어!"라고도 말할 수 있겠죠.

"마음"이라는 단어를 사용할 때 여러분은 때때로 중심 논제, 사실의 핵심, 문제의 요점을 의미하는 경우가 많을 것입니다. 여러분은 "문제의 핵심을 찔렀습니다." 마음이 순수하면 여러분도 저도 하나님을 볼 수 있습니다.

19세기 덴마크 시인-철학자 쇠렌 키에르케고르는 일찍이 순수한 마음을 가리켜 "한 가지 것을 우기는" 것, 다시 말해서 하나님을 사랑하고 이웃을 사랑하는 한 가지 목적에만 충실하는 것이라고 말했습니다. 그는 여러분과 저의 인간적인 영리함은 헌신을 회피하기 위한 온갖 핑계들을 제거하는 데 사용하고, 나아가 마음을 소음으로 더럽혀서 충성과 헌신과 전념을 방해하는 안팎의 모든 속임수들을 막아내는 데 사용해야 한다고 주장했습니다. 헌신이라 함은 온 마음을 다 바치기로 결단하는 것을 의미합니다. "마음이 멀리 떠난 이상 아무리 술책을 부리거나 잡담을 늘어놓는다 할지라도 하나님을 붙잡을 수는 없습니다."

키에르케고르는 또 "고요하고 깊은 곳까지 투명하게 들여다보이는 바다가 하늘을 동경하는 것처럼, 고요하고 깊은 곳까지 투명하게 들여다보이는 순수한 마음은 선을 동경한다"고도 말했습니다.[9]

그렇다면 여러분은 아마도 이렇게 자문할 수 있을 것입니다: "키에르케고르가 '순수한 마음'이라고 부르는 것을 통해서 내가 기운을 다시 차릴 수 있을까?" 시편 기자가 그랬던 것처럼, 여러분도 하나님께 다음과 같은 질문을 던져 보십시오:

주님, 어찌하여 주께서는 그리도 멀리 계십니까?
어찌하여 주께서는 우리가 고난을 받을 때에 숨어 계십니까? [시편 10:1]

여러분은 하나님의 침묵에 대해, 아니 "하나님의 음성이 들리지 않는 데" 대해 분개할 수도 있을 것입니다. 하나님께서 여러분이 들을 수 있는 음성으로 기도에 응답해 주시기를 바라기 때문입니다. 하지만 전혀 다른 식으로 이해할 수는 없을까요? 그러니까 여러분과 하나님의 관계에서는 "깊음이 깊음에게 이야기하는" 것이지요. 날카롭게 목청을 돋우어 요구하는 것을 그만두십시오. 그러면 여러분은 좀더 깊은 것이 자기 마음에 도달하는 것을 경험하게 될 것입니다. 그 고요함 속에서 들려오는 음성을 들을 수 있을 것입니다. 비명 지르고 소리치고 요구하는 것을 그만둘 때 여러분은 평화와 고요함을 맛보게 될 것이며, 그 평화와 고요함은 하나님의 현존이 지니고 있는 고요함과 조화를 이루게 될 것입니다.

그러므로 조심하십시오! 여러분은 이제 여태껏 한번도 생각해 본 적이 없는 것들에 대해서 생각하게 될 것입니다. 여러분이 기르는 침묵은 바로 창조주의 지혜를 전해 주는 매체가 될 것입니다.

침묵의 영성을 기르기 위한
나만의 자유 2

 강기슭에서 끝이 나는 길은 막다른 길일 경우가 많습니다. 사실 대부분이 그렇지요. 그런 길은 강물이 범람할 때마다 조금씩 침식당할 수가 있습니다. 아니면 그런 길의 끝 강변지대를 드라이브할 때 왼쪽으로 갈 것인지 오른쪽으로 갈 것인지를 결정짓는 경계선이 될 수도 있습니다. 그렇게 해서 그 길은 정식으로 사람들이 왕래하는 통로가 되는 것입니다. 또 어쩌면 그 길은 조용히 물 속으로 흘러 내려가서 배, 특히 숙박 요트를 진수시키는 수로의 역할을 할 수도 있을 것입니다. 결국 그 길은 강이라는 광활한 공간으로 통하는 길이 되는 것이지요.

그런 길 위에서 산다고 한번 생각해 보십시오. 그 길 위에 많은 사람들이 살고 있습니다. 자동차가 붕 달려갈 수도 있고, 또는 포장이 너무 안 되어 있어서 차들이 그 길을 피해 다닐 수도 있습니다. 만일 그 길이 막다른 길이라면 그 길 위에서 사는 사람이나 그 집을 방문하는 사람들만이 그 길을 지나다닐 것입니다. 각각의 경우에 여러분이 보장받을 수 있는 여러분만의 자유의 정도는 사뭇 다릅니다.

하지만 뭐니뭐니해도 여러분만의 자유를 전적으로 보장받을 수 있는 유일한 방법은 바로 그 길을 통째로 소유하거나 임대하는 것입니다. 하지만 제가 보기에 그런 일은 전혀 불가능할 것 같습니다. 그래도 숙박시설이 되어 있는 요트 한 대쯤은 소유할 수 있겠죠. 만일 그 길이 배를 진수시키는 수로처럼 강속으로 미끄러져 들어간다면, 여러분은 그 길을 따라 내려가서 숙박 요트에 오른 다음, 가장 고요한 강 한가운데로 나아갈 수 있을 것입니다. 숙박 요트 한 대에 투자한 대가로 여러분은 자기만의 사적 자유를 누리게 될 것입니다. 이렇게 자동차도 다니지 않고, 전화도 받을 수 없고, 관찰당하는 듯한 느낌도 전혀 들지 않을 정도로 나만의 자유가 보장된 곳을 찾기 위하여 모험과 투자를 감행한 결과입니다.

간단히 말해, 지금 여러분이 침묵을 기를 만한 장소를 발견하기 위해서는 투자와 모험을 해야 하는 것입니다.
  가능하다면 창의력과 창작력과 용기를 갖고서 나름대로 여러분만의 자유를 보장받을 수 있는 작업 모델을 찾아보십시오. 그것을 발견한 다음에는 ─ 여러분과 제가 ─ 공동으로 연구해 보는 겁니다. 저와 함께 하십시오. 여러분과 저의 시끄러운 마음속에 침묵을 기를 수 있을만한 여러분만의 자유가 보장되는 곳으로 가는 길을 힘을 합쳐 찾아봅시다.

나만의 자유: 모험 뒤에 오는 발견

  침묵을 기를 수 있으려면 무엇보다도 나만의 자유라고 하는 보물을 발견해내야 합니다. 여러분의 세계처럼 군중들이 몰려드는 세상 속에서 나만의 자유를 보장받는다는 것은 그야말로 한 편의 모험입니다. 어쩌면 여러분은 나만의 자유를 기피하는 사람에 속할 수도 있습니다. 그게 사실이라면, 여러분의 행동을 스스로 점검해 보고 나만의 자유가 필요하다는 사실을 직시하는 방법을 익히십시오. 나만의 자유를 추구하기 이전에 먼저 그것의 필요성을 여러분 스스로가 절실히 느껴야만 하기 때문입니다. 그 필요성을 감지하기 위하여 여러분은 여러분만의 자유에 대한 점증적 충동의 전조가 되는 몇 가지 암시들을 사용할 수 있습니다.

사적 자유의 전조

피로감. 여러분이 누릴 수 있는 나만의 자유 가운데 가장 명백한 것이 바로 잠입니다. 그리고 이 잠의 전조가 되는 것이 피로감입니다. 따라서 인간 삶의 정상적 과정이라 할 수 있는 피로감은 아주 유익한 경고 메시지입니다. 피로감은 여러분에게 어느 정도의 나만의 자유가 필요하다는 사실을 깨우쳐 줍니다.

하지만 이 피로감은 무작정 피곤한 것과는 아주 다른 것입니다. 피로감이라 하는 것은 여러분 신체의 세포들이 너무도 고갈된 나머지 생명력, 반응 능력을 상실하게 되는 것을 의미합니다. 피로감은 온 힘을 다해서 지나치게 노력을 기울인 탓에 지쳐 버린 상태를 의미합니다.

예수께서도 그런 경험을 하셨습니다. 예수께서 제자들과 함께 사마리아의 한 마을로 가셔서 야곱이 그 아들 요셉에게 주었던 우물가에 앉으셨을 때의 일입니다. 성경은 예수께서 지치셨다고 기록하고 있습니다. 이처럼 지친 상태에서 예수님은 우물가에 홀로 앉으셨습니다. 분명 제자들은 먹을 것을 찾아 모두 떠나고 없었습니다. 나중에야 제자들이 돌아와서 예수님께 어서 음식을 드시라고 재촉했습니다. 그렇지만 예수께서는 비록 잠시 동안이나마 홀로 계셨습니다. 적어도 사람들이 우물에 올 만한 낮 시간대 — 정오 무렵 — 에 예수께서 홀로 우물가에 앉아 계셨다는 것만은 틀림없습니다.

예수께서는 피곤하실 적에 자신만의 자유를 보장받을 수 있는 장소를 찾으셨습니다. 그러므로 여러분도 피로감을 나만의 자유를 찾으라는 경고의 메시지로 받아들일 때 예수님과 유대감을 느낄 수 있을 것입니다.

하루, 한 주, 한 달, 한 해의 삶 가운데 여러분이 가장 극심한 피로감을 느끼게 되는 것은 언제 어디서입니까? 그런 순간에 여러분만의 사적 자유를 보장받을 수 있는 열린 장소 몇 군데에 관한 일정과 계획을 적어 보십시오. 그렇게 함으로써 여러분은 사적 자유의 필요성을 고려하고 그에 대한 대비책을 마련할 수 있습니다.

전망의 상실. 여러분에게 나만의 자유를 추구하라고 경고해 주는 또 하나의 주의 신호는 바로 전망의 상실입니다. 전망이라 함은 사람이나 사물을 서로간의 진정한 관계 속에서 바라볼 수 있는 능력을 가리킵니다. 어떤 사물을 볼 때, 여러분은 있는 그대로 바라볼 수도 있고 조금씩 왜곡시켜서 바라볼 수도 있습니다.

전망을 상실해버린 사람은 나무는 보되 숲은 보지 못하는 지경에 이르고 맙니다. 피로감도 여기에 한 몫 거듭니다. 때로는 다른 사람에 대한 극심한 실망이나 두려움이 전망의 중심을 차지하는 경우도 있습니다. 그럴 경우 자칫하면 자기에게 익숙한 전망 속에서 사물을 보지 못하고 실제보다 어둡거나 밝게 볼 수가 있습니다. 여러분은 저 밑바닥으로 떨어질 수도 있고 지나친 확신을 가질 수도 있습니다.

전망의 상실을 여실히 드러내 주는 가장 명백한 증거는 토론 중에 요점을 장황하게 늘어 놓는다든지, 의사를 결정할 때 "아주 하찮은 일에도 식은땀을 흘려댄다든지", 중대한 결정을 앞에 두고서도 꾸물거린다든지, 아니면 동료나 가족이나 친구와의 관계가 부적절할 정도로 민감해지기 시작하는 것입니다. 지금 여러분이 지나치게 많은 실수를 저지르고 있다면 그것은 곧 여러분에게 여러분만의 자유가 필요하다는 증거입니다.

판단력이 흐려짐. 만일 지금 여러분이 판단력이 흐려진 듯한 느

낌을 갖기 시작했다면 그것은 얼마간의 나만의 자유가 필요하다는 것을 암시해 주는 아주 위험스러운 신호입니다. 판단력이 좋다는 것은 과거의 경험을 통해 획득한 자료들로부터 신뢰성 있는 결론을 도출해낼 수 있는 능력, 과거의 실수를 유용하게 사용할 수 있는 능력을 갖추고 있다는 것을 의미합니다.

이것이 바로 비판적인 판단력입니다. 비판적인 판단력이라 함은 옳고 그름의 차이점을 구별할 수 있으며 나아가 그것을 실행할 수 있는 능력, 여러분의 목적에 가장 잘 부합되고 여러분이 책임질 수 있을 만한 행동경로를 선택할 수 있는 능력을 의미합니다. 또한 이것은 그저 순간적인 충동에 의해서가 아니라 오랜 기간 동안 여러분이 맡아 온 책임에 부합되게 의사를 결정할 수 있는 능력을 의미하기도 합니다. 충동적으로 여러분 자신이나 어떤 특정인의 목적에 잘 부합되지 않는 결정을 내리게 될 때, 여러분의 비판적인 판단력은 커다란 손상을 입게 됩니다.

또 하나는 우리가 흔히 반사적 판단력이라고 부르는 것입니다. 예를 들어서, 만약에 젖은 수건을 여러분 얼굴에 덮어 놓는다면 두 눈과 머리 전체와 목 근육이 마구 날뛰면서 반사운동을 하게 될 것입니다. 이런 종류의 판단력은 기계장치를 작동시킬 때나 또는 여러분 자신과 다른 사람들의 건강과 복지에 관련된 반사적 판단을 내려야 할 때 아주 중요하게 작용합니다.

그러므로 부부간의 극심한 갈등으로 고통받고 있는 사람은 자동차를 운전할 때 극도로 조심해야 한다는 사실을 숙지하고 있어야 합니다. 실제로 그런 상황에서 오는 스트레스가 수많은 자동차 사고와 연관되어 있기 때문입니다. 좀 덜 극적인 표현을 써서 말하자면, 하루 일과 가운데 사소한 실수를 저지르는 횟수가 점차적으로 증가할 때 여러분은 자신의 반사적 판단력이 손상되었다는 사실을 알아챌 수 있는 것입니다. 여러분은 충분히 자신을 붙들 수 있습니다: "오늘은 정말이지 침대 밖으로 나와선 안 되는 날이었어!"

여러분의 온 존재가 활동을 그만 멈추고 휴식을 취하라고 권하고 있습니다. 자기를 위해 얼마간 나만의 자유를 보장받을 수 있는 공간을 마련해 준다면 새롭게 다시 시작할 수 있을 것이라고 권유하고 있습니다.

하루 일과 가운데 여러분이 책임져야 하는 일들의 가짓수를 조금만 줄여 보십시오. 매일 마주치는 사람들의 눈초리에서 벗어나 보십시오. 비판적인 판단력이든 반사적인 판단력이든간에 판단력이 흐려진다는 것은 여러분에게 얼마간의 시간이 필요하다는, 얼마간의 사적 자유가 보장되어야 한다는 아주 긴급한 비상신호입니다.

마음의 혼란. 이중적인 마음으로 인해 이중적인 곤경에 빠져 있을 때 여러분은 마음의 혼란을 겪게 됩니다. 여러분은 삶을 위한 두세 가지 선택사항들에 동시적으로 끌림을 느끼게 되는 경우가 많습니다. 이 이중적인 곤경 때문에 여러분의 행동경로는 불안정해집니다: 생각 같아서는 이것저것 다 해보고 싶지만 정작엔 그 중에서 딱 한 가지만을 골라야 합니다. 결국 여러분은 기다리고, 신중히 생각하고, 지연작전을 펴고, 환상 속에서 살고, 꾸물거리고 하는 동안에 자신의 삶이 주변세계의 혼돈 속으로 차츰 빠져들고 있다는 사실을 깨닫게 될 것입니다. 시끄러운 마음이 여러분의 주변상황을 삼켜 버린 것입니다. 이제는 혼돈이 지배합니다.

누군가가 이렇게 말합니다: "로마가 불타고 있는데 넌 빈둥거리기만 하는구나." 맞습니다. 열기가 뻗쳐오르는 것을 여러분도 느낄 수가 있을 것입니다. 여러분의 삶이 난장판이 되어 가고 있습니다. 여러분은 내내 불안하기만 합니다. 이제 여러분은 단순히 나만의 자유가 필요하다는 것을 느끼는 것만으로 그치지 않습니다 — 여러분을 둘러싼 삶의 정황 전체가 오직 그것만을 갈구하고 있습니다. 지금 당장 여러분만의 자유를 추구하십시오!

사적 자유의 구성요소

여러분의 사적 자유를 이루고 있는 요소는 무엇입니까? 사적 자유의 구성요소는 무엇 무엇입니까?

외로움

피로감이나 전망의 상실이나 판단력 약화나 마음의 혼란으로 인해 생기는 시끄러운 소리를 침묵시킬 때 여러분은 사적 자유의 첫 번째 구성요소와 직면하게 됩니다: 그것은 바로 외로움이죠. 토마스 볼프는 이렇게 말했습니다: "외로움은 진기하고 신기한 현상이 전혀 아니다. 특히 나나 몇몇 은둔자들의 경우엔 외로움이야말로 인간 실존의 중대한, 피할 수 없는 사실이다."[1]

일부 진지한 심리학자들은 인간행동의 세계에서 우리가 차지하는 위치를 고려해볼 때 여러분과 제가 두 가지의 압도적인 감정, 즉 외로움과 황홀경 속에서 서로 만났다고 주장하기도 합니다. 제 생각에 황홀경보다는 외로움이 먼저인 것 같습니다.

만일 이 외로움이 두려운 나머지, 나만의 자유를 추구하기 위한 모험을 회피하게 된다면, 결국 여러분은 인간의 마음에서 빚어지는 네 가지의 단조롭고도 시끄러운 소음 — 나만의 자유가 필요하다는 사실을 알려 주는 피로감과 전망의 상실, 흐려진 판단력, 그리고 혼란 — 속으로 퇴각하고 말 것입니다. 두려움으로 인해 실패한다는 것은 곧 생명력과 삶의 묘미를 상실하는 것이며, 이 침울하고도 멍한 느낌에 둘러싸인 채로 남겨지는 것입니다. 그러므로 외로움은 결코 두려운 것이 아니라는 사실을 직시하십시오.

군중으로부터의 해방

예수께서는 군중으로부터 벗어나고자 하셨습니다. 예수께서는 오천 명을 먹이신 기적을 보고 모여들어 왁자지껄 떠들어대는 무리를 뒤로하고 떠나셨습니다. 그 무리는 예수님을 찾지 못했습니다. 예수님이 나사렛에서 처음으로 메시지를 전하신 후에 군중들은 너무도 분노하여 예수님을 도시 밖으로 내쫓았습니다. 하지만 예수께서는 무리를 헤치고 "떠나셨습니다."

예수께서는 무리를 불쌍히 여기셨습니다. 그들은 마치 목자 없는 양처럼 고생에 지쳐서 기가 죽어 있었기 때문입니다. 하지만 예수께서는 이렇게도 말씀하실 수 있었을 것입니다. "여기는 빈들이고 날도 이미 저물었다; 그러니 무리를 흩어 보내서 제각기 먹을 것을 사먹게 마을로 보내는 것이 좋겠다"(마태복음 14:13-15). 이어지는 구절들은 예수님이 군중으로부터 벗어나야 할 필요성을 시사하는 데 초점이 모아지고 있습니다. 그 필요성은 바로 군중의 변덕스러운 마음에 기인한 것입니다.

예루살렘 입성 때 예수님을 열렬하게 환호했던 바로 그 무리가 십자가에 못 박히는 순간에도 틀림없이 그 자리에 있었으며, 실제로 몇몇 경우에는 "예수를 십자가에 못 박아라!" 소리치기까지 했습니다. 구스타브 르본은 심리학적 군중의 특색들 가운데서 가장 충

격적인 것 한 가지에 관하여 다음과 같이 말합니다:

> 군중을 구성하는 개인이 누구라 할지라도, 또 그들의 생활방식이나 지위나 성격이나 지성이 아무리 유사하다거나 차이난다 할지라도, 그들이 하나의 무리로 변형되었다고 하는 사실은 그들로 하여금 일종의 공동체적 정신을 갖게 만들며, 이로 말미암아 그들은 저마다 고립상태에서 한 개인으로 있었을 때 느끼고 생각하고 행동했던 것과는 사뭇 다른 방식으로 느끼고 생각하고 행동하게 된다.[2]

예수께서는 당신 스스로가 누구인가를 알 수 있는 개인이 되시기 위하여, 그래서 하나님께로부터 오는 지혜를 실제로 행사하시기 위하여 군중들로부터 벗어나야만 했습니다. 예수님은 남의 기준에 따르는 사람이 아니셨고, 따라서 군중의 반응에 따라 움직이지 않으셨습니다. 예수님은 군중으로부터 전적으로 자유로우셨습니다.

이처럼 군중으로부터 자유로워지는 것 역시 나만의 자유를 구성하는 요소입니다. 여러분의 정서적 건강과 영혼의 건강이 바로 이 자유에 달려 있습니다. 우울증은 사람이 모이지 않은 장소보다는 차라리 사람이 많이 모인 장소에서 훨씬 더 많이 발생하게 됩니다. 고밀도 주거지역의 군중 형성은 최악의 빈곤계층보다도 차라리 중산층, 중-저소득층 집단에서 좀더 자주 발생합니다. "군중의 형성은 …… 차츰 증가하고 있는 증후군과 연관된 주요요인입니다." 존 슈왑 박사의 연구나 다른 사람들의 주의 깊은 연구결과도 바로 이런 사실을 말해 주고 있습니다.[3]

사적인 생각과 판단의 권리

여러분에게는 자신에 대해 확신을 심어 줄 만한 일련의 사적인 사고과정과 판단력을 지니고 있어야 할 책임이 있습니다 — 그리고 그러한 나만의 자유를 보장받을 수 있는 권리 역시 있습니다. 그 같은 권리는 여러분이 여러분만의 자유를 추구하는 데 본질적으로 필요한 요소입니다. 그러니 이 권리를 맘껏 쟁취하십시오!

일찍이 에드워드 콕(1552-1624) 시절에 영국 작가들은 관습법에 관하여 말하기를, 교회법에 의해서든 세속법에 의해서든 그 어떤 사람도 개인의 마음속에 담긴 비밀스런 생각이나 은밀한 견해를 조사당해서는 안 된다고 했습니다. 하지만 오늘날에 이르러서는 많은 사람들이 자신의 개인적인 공간, 자신의 내적 자유를 깨닫지도 못한 채 살아가고 있습니다.

예를 들면, 현대인들은 부모의 견해와 자신의 견해의 차이점도 제대로 구별하지 못하고 있습니다. 또한 현대인들은 무엇이 자신의 견해이고 무엇이 사회의 여론인지도 제대로 구분하지 못하고 있습니다. 부모도 공무원도 그들의 사적 자유만을 서로 주장하면서, 정작 자신이 자녀나 유권자들의 개인적인 생각을 침해하고 있다는 생각은 전혀 하지 못하고 있습니다. 그래서 결과적으로 개성이 병들고 개인의 또렷한 자아감이 상실된 나머지, 부모와 공무원에 대한 막연한 두려움과 불신만 팽배해지게 되는 것입니다.

토마스 모어(1478-1535) 경은 친구들과 헨리 8세에게, 그리고 결국에 가서는 자기 가족에게까지도 들볶임과 혹사를 당했습니다. 그들은 헨리의 이혼과 재혼에 대한 견해를 밝히라고 모어를 밀어 붙였습니다. 하지만, 로버트 볼트는 모어에 관하여 다음과 같이 이야기합니다:

그는 어디에서 시작하고 어디에서 멈춰야 하는지를 잘 알고 있었다. 그는 적군의 침입에 대해서는 자신의 어느 영역에서 소리쳐야 하고, 또 사랑하는 사람들의 침입에 대해서는 어느 영역에서 소리쳐야 하는지도 잘 알고 있었다 ……마침내 그는 자신의 자아를 세워둔 최종적 영역에서 그만 물러서라는 명령을 받게 되었다. 하지만 그 곳에서 이 온순하고 유머러스하고 겸손하고 재치있는 인물은 쇠붙이처럼 딱 달라붙어, 절대적이고 근본적인 엄격함에 둘러싸인 채로, 절벽 끝에 선 사람처럼 한 발짝도 양보하지 않았다.[4]

모어는 헨리의 이혼에 대한 자기자신의 사적인 견해를 밝히지 않아도 될 권리, 침묵을 지킬 수 있는 권리가 자기에게 있다고 주장했습니다. 그는 공직에서도 물러났습니다. 그럼에도 불구하고, 모어에 관한 볼트의 연극을 보면, 크롬웰이 모어에 관하여 다음과 같이 말합니다: "그의 침묵이 온 유럽을 들었다 놓았다 하고 있다!" 모어는 자기 아내에게 이렇게 이릅니다: "…… 법 아래서 내 안전은 침묵에만 달려 있소. 하지만 내 침묵은 완벽해야만 하오. 그러니 당신에게까지도 나는 침묵해야만 하는 것이라오."[5] 이 말을 들은 아내는 모어가 자기를 신뢰하지 않는다고 생각했습니다. 그러자 모어는, 만약에 사람들이 아내에게 자기가 말해 준 것들을 털어 놓으라고 요구하거나 부탁할 경우 아내가 혹시라도 자신에게 불리한 증언을 해야 할 일이 생기게 될지도 모르므로 이런 일을 미연에 방지하기 위한 것이라고 주장했습니다.

하지만 결국 이러한 침묵과 내적 자유는 그를 홀로 남게 만들었습니다. 하나님 앞에서 그는 완전히 혼자가 된 것입니다.

오직 하나님과만 교제할 수 있는 용기

다른 사람들이 모두 다 떠날지라도 하나님만은 여전히 여러분과 함께 계신다고 하는 내적 확신에서 뿜어 나오는 용기, 이것은 나만의 자유를 구성하는 주요소입니다. 하나님의 현존을 의식하는 사람은 교제의식을 얻게 되고, 나아가 외로움을 고독으로 승화시키게 됩니다.

또한 하나님의 현존을 의식하는 사람은 전적인 나만의 자유를 오히려 윤리적 책임에 대한 도전으로 받아들이게 됩니다. 여러분의 책임이 무엇인가를 스스로 확신할 수 있을 때, 그러한 확신이 여러분의 길잡이 역할을 해줍니다. 그것은 단순히 관습법 이전의 생존과 편리를 위한 도덕적 의무의 단계에 그치는 것이 아닙니다. 단순히 "착한 남자"/"좋은 여자"가 되는 관습법의 단계에 그치는 것도 아닙니다. 단순히 형식적인 법과 질서에 복종하는 것은 더욱 아닙니다. 그것은 사회계약이나 보편적 윤리원칙의 도덕이 도저히 미치지 못하는 곳까지 뻗어갑니다.

하나님과의 교제는 여러분에게 지혜를 드러내 보이셔서 여러분으로 하여금 정보를 얻음과 동시에 겸손해지도록 만드시는 윤리적 하나님과의 관계로까지 나아갑니다. 여러분이 생각하는 것, 그리고 그 생각을 실천하는 것은 곧 여러분을 개인적인 자아로서 보전하는 문제이며, 시끄럽고 갈등투성이며 양심투쟁 중인 마음에 맞서서 여러분의 내적 존재 안에 평온함을 심는 문제입니다.

사적 자유에 도움이 되는 조건들

앞에서 나만의 자유를 구성하는 요소들을 열거하면서 말한 바 있는 내적 반성은 여러분 자신의 개인적인 광야에서만 비로소 가능해집니다.

모세가 목숨을 건지기 위해 이집트로부터 도망쳐 나왔을 때, 그가 향한 곳은 바로 광야였습니다. 광야에서 그가 경험한 사적 자유는 언덕과 계곡의 침묵으로 둘러싸여 있었으며, 그가 일을 할 때에는 이 사적 자유가 목자의 역할까지 맡아 주었습니다. 8세기 예언자 아모스도 광야에 거주하는 사람이었습니다.

예수께서도 광야에서, 홀로 하나님 앞에서, 사십 일 밤낮을 지내면서 용기를 끌어 모았습니다. 그 곳에서 예수님은 나머지 삼 년의 생애 동안 걷게 될 길에 관한 상반된 요구들로 인한 소음을 침묵시켰습니다. 사도 바울 역시 다마스쿠스에서 극적인 개종을 경험하고 아나니아와 대화를 나눈 뒤에, 생애 몇 해를 침묵 속에 보내기 위해 아라비아 사막으로 갔습니다.

그 후로도 많은 사람들이 — 예를 들면, 성 안소니는 사막에서, 존 번연도 감옥에서, 그리고 로저 윌리엄스는 유배지에서 — 자기만의 독특한 방식을 동원하여 주변의 군중들로부터 벗어났습니다. 다시 말해 그들은 자기를 위해 사적인 세계의 조건을 충족시켜줄 만한 거절의 장소, 인생의 정거장을 발견했던 것입니다.

사적 자유가 보장되는 장소: 여러분의 광야는 어디인가요?

여러분은 이제 자신의 특별한 광야가 어디인가를 결정해야만 할 필요성에 직면하게 되었습니다. 여러분 삶 속에서 침묵이 실재가 되게 해주는 것은 과연 어떤 장소, 어떤 상황입니까? 다른 사람들의 견해로 인한 떠들썩한 소음, 힐끗힐끗 훔쳐보는 시선들, 그리고 온갖 기대와 요구들로부터 여러분을 해방시켜 주는 장소는 어디입니까?

저 스스로도 이런 질문을 던져 보았습니다. 그리곤 제 집 거실에 놓여 있는 의자가 바로 그런 장소라는 사실을 깨닫게 되었습니다. 온갖 일들이 번갈아 가며 훼방을 놓는다 할지라도, 그 의자는 다른 어떤 곳에서도 찾을 수 없는 고요함을 저에게 안겨 주었습니다. 사실 가정 그 자체가 다른 곳에서는 결코 찾을 수 없는 고요함의 장소라고 하는 게 옳을 것입니다. 심지어는 제 아들들이 아직 어렸을 때조차도 마찬가지였습니다.

제 생각에 이것은 아내가 소유하고 있는 자아감의 특성을 그대로 반영해 주고 있는 것 같습니다 — 그러니까 아내의 생활방식 자체가 평온함과 침묵 속의 평화를 풍겨내고 있는 것입니다. 아내가 일궈낸 가정은 남편과 아들들의 시끄러운 마음속에 끊임없이 침묵의 영성을 길러 주는 곳이었습니다.

또 제가 살아온 긴 세월 동안, 대도시는 제가 틀어박힐 수 있는 광야가 되어 주었습니다. 오늘날 많은 사람들이 익명성을 추구하며, 군중들로부터 벗어나 작은 평화와 고요함을 정신 없이 찾아 헤매고, 대도시 한가운데서 아무도 쳐다보지 않는 곳을 찾아 여기저기 떠돌 수 있는 기회를 노리고 있다고 저는 확신합니다. 대도시의 미로는 우리에게 종종 모세나 아모스나 예수님이나 바울이 머물렀던 광야의 역할을 해주기도 합니다. 그러기에 여러분은 여러분만의 자유와 고독이 보장되는 장소를 얻기 위하여 굳이 모하비 사막이나 산 속의 휴양지나 바위투성이의 해변 낚시터나 인적 없는 숲 속을 찾아 나설 필요가 없습니다.

그런데도 많은 사람들이 손상되지 않은 자연 가까이에 자신만의 사적인 자유가 보장되는 장소를 만들어 보려고 애를 쓰고 있습니다. 여러분 역시 그런 사람들 축에 속할지도 모르지요. 심장 절개 수술실에서 수많은 사람들을 수술해 주고 있는 한 외과의사의 말에 따르면, 보통 농부들이 다른 직업에 종사하는 사람들보다 좀더 차분하게, 불안감으로 인한 소란도 덜 부리고 그런 수술에 임하는 경향이 있다고 합니다. 그는 이것이 농부가 — 자연요소들 가까이에서 — 살아온 생활방식에 기인한다고 말합니다: 농부들은 날씨와 투쟁하지도 않고, 자연의 법칙을 그대로 의지하고 존중해야 한다고 믿으며, 또 그래서 거의 안달복달하지도 않는다는 것이죠.

그러면 이쯤에서 사적 자유의 조건들을 밝혀내기에 앞서 침묵의 영성을 기르는 목적에 관한 비평적 질문 하나를 던져 보겠습니다: 여러분에게 광야와 같은 역할을 하는 곳은 어디입니까? 여러분은 혼자서도 얼마든지 그런 곳을 정할 수 있습니다. 그러니 다른 사람더러 여러분을 위하여 그런 곳을 정해 달라고 하지 마십시오. 물론 언제든지 도착하기 쉽게 가까운 곳에 있다면 더욱 좋겠지요.

예수께서는 기도하려면 골방으로 들어가야 한다고 말씀하셨습니다. 여기에서 골방이란 "내실", 밀실을 의미합니다. 만일 머나먼 광야를 여러분의 사적 자유를 위한 장소로 정한다면 문제가 발생할 수 있습니다. 그도 그럴 것이, 언제까지고 여러분은 침묵의 영성을 기르기 위한 장소는 자신이 처해 있는 여기 이 곳이 아닌 다른 어떤 곳이라고 생각하게 될 것이기 때문입니다. 그렇게 되면 당연히 침묵의 영성을 기르는 일이 하나의 일과로 자리잡을 수가 없겠죠. 또 어쩌면 침묵의 영성을 기르는 것이 자신의 모든 일상생활을 집어던지고 완전히 새로운 생활방식으로 변화되어야 하는 것이라고 생각하게 될지도 모릅니다. 그리고 실제로 그렇게 한 사람들이 많이 있었습니다.

  대학교에서 저와 같이 근무한 동료 교수가 그랬던 것처럼, 짧은 시간 동안에 조용히 앞서 행한 모든 일들을 정리한 다음, 학계나 실업계의 무의미한 경쟁을 뒤로 하고 "발도파"가 피정에 들어가듯이 단순한 시골풍의 생활방식으로 탈바꿈한 사람들을 저는 많이 보아 왔습니다. 또 저는 1930년대 후반 조지아주 아메리커스라는 도시에서 흑인-백인이 하나되어 공동생활을 할 수 있도록 영성 공동체를 조직하는 데 전 생애를 바치고자 했던 클래런스 조든 같은 사람도 알고 있습니다.

  그러나 대부분의 사람들에게는 시골풍의 생활도 도회풍의 생활도 고독을 위한 정기적 장소로 그다지 적합하지 않은 것 같습니다. 11년 동안이나 저는 뉴욕 시에서 학생들을 가르치며 여름을 보냈습니다. 물론 그렇게 하기 위해서는 저의 본거지를 떠나 있어야 했죠. 그 동안 도시 자체가 저에게 고독의 시간을 가져다 주었으며, 관점을 새로이 정리하도록 만들었고, 저 자신에 대하여 내적인 묵상을 갖도록 하였습니다.

  그럼에도 불구하고, 솔직히 고백하자면, 왔다갔다 이동해야 하는 혹독함이 저에게 엄청난 소음을 빚어내고 있었습니다. 물론 나중에 이사하고 새 집에 자리잡으면서부터는 모든 게 잘되었습니다. 그렇지만 6-7주라고 하는 아주 짧은 기간에 걸친 이중적 과도기는 의당 저에게 특별한 스트레스로 다가왔습니다.

  그러한 경험을 했기 때문에, 저는 좀더 확신을 가지고 말할 수 있습니다. 여러분도 일상생활 속에서 그와 같은 침묵의 장소를 마련해야만 한다고 말입니다. 자기 삶의 타이밍과 스케줄을 탐구하는 것, 이것은 어쩌면 여러분이 가장 많이 중점을 두어야 할 일인지도 모릅니다.

사적 자유의 시간과 타이밍

　예수께서는 자신을 가득 채우는 시끄러운 마음을 진정시키기 위해 갈 수 있을 만한 장소로 광야를 선택하셨습니다. 하지만 예수께서 특별한 장소만 선택하신 것은 아닙니다. 특별한 시간까지도 선택하셨던 것입니다. 예수께서는 자주 군중들을 피해 다니셨습니다. 예수께서는 날이 채 밝기도 전에 일어나셨습니다. 물론 그 분이 밤 늦게까지 깨어 계셨는지 어쨌는지는 전혀 기록이 남아 있지 않지만, 충분히 그러고도 남으셨을 거라고 짐작됩니다.
　여기에서 우리는 예수께서 마음속에 침묵의 영성을 길러내고, 기도에 몰두하고, 자신의 삶에 관한 중대한 결정을 내리는 데 집념하기 위하여 시간을 택하셨던 것처럼, 일종의 시간과 타이밍의 원칙을 이끌어낼 수 있습니다. 여러분은 자신의 스케줄을 자유로이 정할 수 있습니다. 그리고 어느 정도는 여러분 삶의 스케줄을 변경할 수도 있습니다.
　문득 제 친구 한 명이 자기 친구 더글러스 사우스올 프리맨에 관하여 해준 이야기가 생각나는군요. 제 친구의 말에 따르면, 버지니아주 리치먼드에서 〈타임즈 디스패치〉지의 편집자로 바쁘게 살고 있던 이 친구는 언제나 새벽 네시에 일어났다고 합니다. 그는 가벼운 아침식사를 든 다음에 곧장 자기 사무실로 가서, 독서와 묵상과 연구를 하고, 또 자기가 맡은 원고에 관해 생각하면서 시간을 보내곤 했습니다. 그는 이렇게 자기 삶에서 중요한 것들을 다시금 정돈하였습니다. 그 날 해야 할 일에 대해서 충분히 생각했던 것입니다.
　그런 다음, 오전 아홉시가 되면 거의 규칙적이라 할 수 있는 하루 일과에 들어갔습니다. 또한 그는 대개 자기 사무실에서 가벼운 식사를 마치고 오후 두시 무렵까지 책상 앞에 앉아 있었습니다. 그런 다음에는 집으로 돌아가 잠옷으로 갈아입고 침대에 누워 두세 시간 동안 낮잠을 자곤 했습니다. 결국 하루에 두 번을 잠에서 깨어났던 것이죠. 그리곤 저녁식사 시간까지 산더미처럼 쌓여 있는 다른 신문사의 신문들을 읽었습니다. 그 일이 끝나면 자유로운 몸으로 아내와 자녀들과 더불어 저녁식사를 하였고, 초저녁 시간 동안 가족과 대화를 나눴습니다. 그러다가 밤 아홉시나 열시가 되면 잠자리에 들었죠.

결국 그는 하루하루 묵상과 반성과 침묵과 완전한 고요 속에서 아주 많은 시간을 보냈던 셈입니다. 다른 사람들이 뭔가 다른 일을 하면서 보내는 동안에 말입니다. 사실 그는 다른 사람들과 함께 하기로 결정한 일들만 제외하고, 그 밖의 다른 일들은 모두 다른 사람들이 대체로 그 일을 하지 않는 시간대에 했습니다. 그리고 그 결과 그는 하루를 이틀처럼 사용할 수 있었으며, 상대적으로 휴식 시간을 많이 누릴 수가 있었습니다.

그러나, 더글러스 사우스올 프리맨의 경우, 그는 전문직에 종사하는 사람이었습니다. 여러분은 어쩌면 교대제로 일하고 있는지도 모릅니다. 만일 여러분이 야간 근무조를 선택한다면 주간 근무조에 비해서 저녁 시간이나 늦은 밤이나 이른 아침에 좀더 많은 고독을 발견할 수 있을 것입니다.

저는 공장에서 일하는 동안, 야간근무가 다른 어떤 시간에도 얻을 수 없는 개인적인 고독의 기회를 제공해 준다는 사실을 깨달았습니다. 또 대학에 근무하면서 당직을 서는 날이면 다른 사람들이 모두 자는 시간에 평온함과 고요함을 발견하였습니다. 그 시간은 제 삶을 침묵 속으로 집중시켜 주는 선택받은 시간이 되었습니다. 그리고 의과대학에 다니면서 대학병원에 근무하는 동안, 저는 각각의 교대근무에 규칙적으로 들어갔다 나왔다 하는 것이 일을 하면서 동시에 홀로 있을 수 있는 기회, 사적인 자유 속으로 모험을 떠날 수 있는 기회, 그리고 제 삶 속에 침묵을 기를 수 있는 기회를 좀더 많이 제공받는 길이라고 하는 사실을 깨닫게 되었습니다.

토마스 머튼은 행동의 세계에서 묵상하는 것에 관하여 말했습니다. 여러분의 세계는 하나의 행위입니다. 안 그럴 가능성보다는 그럴 가능성이 더 큽니다. 여러분은 눈코 뜰 새 없이 바쁜 실존의 한가운데서 자신의 시끄러운 마음을 숨기기 위하여 푸른 목장과 고요한 호수를 찾아 나섭니다. 소멸의 혼돈은 어쩌면 여러분의 삶 속에서 빚어지는 게임의 이름일지도 모릅니다. 따라서 내적으로나 외적으로나 소음의 허를 찌를 수 있을 만한 시간을 잘 사용하도록 훈련받는 것은 소음의 장소 한가운데서, 그 소음의 대부분이 어딘가 다른 곳에 있을 때에 고요함의 장소를 발견해 내는 방법입니다.

물론 저라고 해서 여러분을 위하여 여러분 성미에 맞게 시간을 조절할 수는 없습니다. 그러므로 여러분 스스로 자기의 전형적인 하루 일과가 어떠한가를 기록하고, 그런 다음에는 여러분의 시끄러운 마음속에서 정식으로 침묵의 영성을 길러내고, 내적 존재와 교제하며, 하나님과 연합할 만한 여러분만의 자유가 보장되는 장소와 시간을 만들어 내기 위한 일정표 조경공사에 착수하십시오.

침묵의 영성을 길러 주는 영혼의 조용한 동작들

이제 여러분은 하나님의 현존에 관한 지식을 통해서 사적인 자유도 발견했고, 그 자유에 직면할 수 있는 용기도 얻었습니다. "오케이, 이제 다 왔다. 여기가 바로 거기야. 난 나만의 자유를 얻었어.

하지만 너무도 외롭다. 이야기 상대를 찾아 나서고픈, 또는 홀로 된 다고 하는 이 일에서 신경을 끄게 해줄 일거리를 찾아 나서고픈 유혹을 벌써 열다섯 번째나 견뎌내고 있어. 시끄러운 마음속 깊이 침묵의 영성을 기르는 일에서 이것은 어떤 역할을 하는 요소일까? 나만의 자유가 보장되는 이 시간, 이 장소에 이르기 위해 내 마음은 어떤 일을 할 수 있을까?"

좋은 질문입니다. 여러분의 내적 자아는 시끄러운 마음을 잠재우기 위한 훈련 또는 행동이라 할 수 있는 영혼의 몇몇 동작들로 이루어져 있습니다. 여러분도 그 동작들을 이용할 수 있습니다.

떨어져 있기

황홀경이라는 것은 넋을 빼앗길 정도의 기쁨을 말합니다. 황홀경의 의미를 문자 그대로 풀이하자면, "끼어 들지 않다" 또는 "떨어져 있다"에 가장 가깝습니다. 어디, 글자 그대로의 의미에 가장 가까운 예를 하나 들어볼까요? 여러분은 이제껏 일련의 벅찬 문제들에 열중해 있었습니다. 그로 인해 전망을 상실했으며, 기진맥진한 데다가, 몇 가지 잘못 판단한 일도 있고, 혼란에 빠져 있었습니다. 그러다가 나만의 자유가 보장되는 시간, 하나님과 개인적인 교제를 나눌 수 있는 장소를 발견했습니다. 여러분은 신중히 자신의 피로감과 전망의 상실과 판단의 실수와 혼동을 자인하게 되었습니다. 이제 여러분은 그 일련의 벅찬 문제들로부터 스스로를 떼어내어 멀리 떨어져 있게 되었습니다. 여러분은 이제 그 문제들이 내뱉는 잡담들을 잠재우기 위해서 침묵에 집중하게 되었습니다. 이것이 가능할 수 있었던 것은 오로지 지금 있는 그 자리에서 일어서 나왔기 때문입니다.

여러분이 빠져 나온 그 자리에 일련의 문제들이 그대로 남아 있다고 한번 가정해 보십시오. 그렇다면 결국 여러분은 그 문제들로부터 떨어져 있게 되는 셈입니다. 여러분은 요구 사항만 늘어놓는 사람들과 당면한 문제들을 마치 한 편의 영화라도 보는 것처럼 열중해서 보고 있습니다. 이제 여러분은 그 속에 있지 않습니다. 그것으로부터 떨어져 있는 것입니다. 여러분의 "부분"은 훌륭한 배우가 그 역할을 담당하고 있습니다. 여러분 자신이 아닌 훌륭한 배우 말입니다. 여러분은 마치 자신이 아닌 것처럼 그 상황·드라마·영화를 지켜보면서 자신의 생각과 행동에 대한 평가를 내리고 있습니다.

저도 이런 훈련을 월남전에 참전했던 젊은 군인으로부터 배웠습니다. 전쟁터에서 그는 자기 기관총에서 뿜어 나오는 예광탄을 바라보며 한 편의 총천연색 영화를 보고 있다고, 자기는 그 곳에 없다고 생각했답니다. 그래서 결국 살아 나올 수 있었던 것이고요.

여러분의 삶 역시 적군과의 싸움터일 수 있습니다. 달각달각 소리, 전쟁터의 온갖 소음들이 여러분의 마음을 무겁게 짓누르고 있습니다. 하지만 여러분은 그로부터 멀리 떨어진 채로 그것을 재평가합니다. 마치 자신이 아닌 것처럼 삶의 정황과 과정을 지켜봄으로써 고통과 소음에 대해 완전히 둔감해집니다. 그렇게 되면 이번에는 이것이 여러분의 마음속에 낯선 모험의 대상으로 다가옵니다.

그러나 이러한 압력과 문제들 역시 영원의 전망에 속하게 되어 결국은 사라지게 될 것입니다. 여러분은 자기 행동의 익살맞은, 우스운 측면을 알아차리게 될지도 모릅니다. 그런 경우에도 당황하여 헛기침을 해대는 대신 그런 행동의 우스운 측면을 그저 웃어넘길 수 있게 될 것입니다. 의도한 적도 없는데 자신의 행동을 언뜻 보게 되었을 때 항상 그러는 것처럼 말입니다. 여기에서 여러분은 성격배우가 아닙니다; 사실 여러분은 어릿광대나 다름없습니다! 이건 결코 악성유머가 아닙니다! 죽도록 진지하게 자신을 바라보고 있는 한 여러분은 그야말로 어릿광대인 것입니다!

어쩌면 여러분은 이렇게 말할지도 모릅니다: "집어치워요! 하나도 웃기지 않으니까. 이건 소름끼치는 일이에요. 혼자가 된다는 건 곧 침묵을 참아내려고 애쓰는 것, 나를 있는 그대로 바라보는 것, 나로부터 떨어져 있는 것이죠. 난 그게 두려워요." 그런 분들에게는 닥 하마슐드의 지침을 소개해 드리고 싶습니다:

> 여러분 주위의 모든 것이 다 침묵하게 될 때, 그리고 여러분이 공포로 뒷걸음질치게 될 때 — 괴로움과 책임으로부터 탈출하는 것이 곧 여러분의 임무가 되었음을 직시하십시오; 여러분의 사심 없는 마음이 드문드문 자기학대로 변장을 하고 있습니다; 대초원의 늑대가 지닌 짓궂고도 잔인한 심장이 여러분 속에서 고동치고 있는 소리를 한번 들어 보십시오 — 그럴 땐 다시금 사냥을 알리는 뿔피리 소리와 소집 명령 소리로 스스로를 마비시키지 말고, 차라리 그 장면의 깊이를 잴 수 있을 때까지 가만히 눈여겨보십시오.[6]

물러서기

침묵을 키우는 데 도움이 되는 또 하나의 훈련은 바로 물러서기입니다 — 그러니까 여러분이 사회적 상황에서 사용하는 주도권의 양을 조금 줄이고, 그 주도권을 다른 사람들의 손에 넘겨 주며, 다른 사람들과의 관계를 혼란시킬 정도로 밀어 부치는 일을 좀 삼가고, 다른 사람들에 대한 요구를 조금 완화시키며, 또한 다른 사람들이 몇 가지 일을 할 수 있도록 잠시 물러서 있는 것입니다. 엄청난 피로감과 전망의 상실, 판단력 부족과 혼란스러운 마음은 모두 다른 사람의 삶에 지나치게 연루됨으로써 비롯되는 것들입니다. 여기에서 다른 사람이란 이미 성인이 된 여러분 가족일 수도 있고, 아니면 여러분에게 악의를 품은 직장 동료, 그러니까 보통 직장동료 사이에서 편안하게 요구할 수 있는 것보다 훨씬 더 많은 것들을 요구하고, 심지어는 깨어 있는 동안 내내 여러분의 생각을 점령하는 그런 동료일 수도 있습니다. 나만의 자유를 누리는 시간에, 이런 것들은 지나친 연루라고 재평가해 보십시오. 물러서십시오.

그들이 차지하는 의미를 좀더 줄이십시오. 그들이 여러분의 삶에 너무나도 큰 그림자를 던지고 있는 까닭에 여러분은 하나님을 보지 못하고 있습니다. 그들이 여러분을 방해하고 있습니다. 여러분과 하나님 사이를 가로막고 있는 그들을 치워내십시오. 안 그랬다간 그들 때문에 하나님과 관계를 맺을 수 없게 될 것이고, 결국 여러분은 그들을 우상화하게 되고 말 것입니다. 여러분은 지금 하나님의 자리에 그들을 앉혀 두고 있습니다.

요셉의 형들 역시 요셉이 자신들을 어떻게 생각할 것인지 너무나도 두려운 나머지 요셉을 우상화하려 했습니다. 그러나 요셉은 형들에게 이렇게 말했습니다. "두려워하지 마십시오. 내가 하나님을 대신하기라도 하겠습니까?"(창세기 50:19) 이 말로 인해서 형들은 노예로 팔아 버릴 만큼 끔찍이도 증오했었던 동생을 전혀 다른 식으로 받아들일 수 있을 때까지 어느 정도 물러서 있을 수가 있었습니다. 동생은 폭군이 아니라 그들을 살려 주려고 애쓰는 사람이었던 것입니다. 이제 그들의 전망 상실과 판단력 부족, 그리고 혼란은 모두 사라졌습니다. 그들의 소란스런 마음속에 자리잡은 고요함이 동생이 지닌 권력, 자기들을 해칠 수도 있는 권력에 대해서 강박적으로 두려워하지 말고 잠시 물러서 있으라고 요구했습니다.

어쩌면 여러분도 지금 자기 삶의 투쟁 장소에 있는 그 사람들이 혹시나 자기를 해치지 않을까 두려워하고 있는지 모릅니다. 그들을 절대로 두려워하지 마십시오. 그들을 하나님의 자리에 앉히지 마십시오. 그들과 지나치게 연루되어 있는 지금 이 상태에서 잠시 물러서 계십시오.

방향바꾸기

초조한 존재 속에 침묵을 가져오기 위한 중요한 훈련 한 가지는 눈앞에 있는 좀더 고요한 연못 쪽으로 삶의 거친 물줄기 방향을 바꾸는 것입니다. 꼭 연못이 아니어도 좋습니다. 어떤 식물이나 동물일 수도 있고, 어린아이일 수도 있습니다.

모세가 광야에서 자기 양떼를 돌보고 있었을 때의 일입니다. 그는 떨기에 불이 붙었는데도 그 떨기가 타서 없어지지 않는 광경을 목격했습니다. 그는 '이 놀라운 광경을 좀더 자세히 보고, 왜 그 떨기가 불에 타지 않는지를 알아보아야 하겠다' 고 생각했습니다(출애굽기 3:3). 모세가 그것을 보려고 오는 것을 보시고 하나님께서 모세에게 나타나셨습니다. 만약에 그 때 모세가 그것을 보려고 방향을 틀지 않았더라면 어떻게 되었을까요? 엘리자베스 바렛 브라우닝은 이 구절에 대하여 다음과 같은 주석을 달고 있습니다:

> 땅이 하늘로 가득 채워지고,
> 수풀이 온통 하나님과 더불어 불타고 있다;
> 그러나 오직 그만이 발견하고, 신발을 벗는다.
> 나머지는 주변에 앉아 산딸기를 따서
> 얼굴을 못 알아보게 떡칠하고 있다.[7]

저는 어느 부활절 아침에 현명하고도 사려 깊은 한 목사가 한 일을 목격한 적이 있습니다. 설교를 마친 그는 줄지어 있는 사람들과 인사를 나누었습니다. 그 줄은 아주 길었습니다 — 멀리 이사갔다가 부활절 휴가를 즐기러 돌아온 사람들, 대학에 다니다가 집에 들른 학생들, 특별히 그를 만나러 온 사람들, 부활절 전날까지 여러 가지 사유로 크나큰 슬픔을 같이 나눴던 목사가 보고 싶어 모인 사람들. 그런데 일곱 여덟 살쯤 먹어 보이는 여자아이 한 명이 그 행렬을 뚫고 목사에게로 다가왔습니다. 그 아이는 목사의 소매를 잡아 끌면서 귓속말로 전할 게 있다고 졸랐습니다. 목사는 긴 줄로부터 방향을 틀고 돌아서서 그 아이 높이에 맞게 몸을 숙였습니다. 그리고 그 아이의 귓속말을 들었습니다. 귓속말은 잠시 동안 계속되었습니다.

목사는 그 곳에 아이말고는 아무도 없는 것처럼 행동하고 있었습니다. 기다리고 있던 사람들이 조금 조급한 마음으로 한 발짝 한 발짝 이동하기 시작했습니다. 하지만 그래도 이 목사는 그들에게 등을 돌린 채 이 아이에게만 관심을 통째로 쏟아 붙고 있었습니다. 제가 보기에 이것은 평온하고 고요한 마음, 그리고 단호한 행동의 무대처럼 보였습니다.

탈출하기

언제나 한결 같은 것들 가운데 하나, 곧 여러분의 마음속에서 윙윙거리는 소음은 습관적인 역할과 의무에서 비롯되는 단조로운 일상생활입니다. 여러분이 떠맡고 있는 이 임무와 기능들을 좀더 자세히 들여다보십시오. 그러면 판에 박힌 일상생활 속에서 자신이 그칠 새 없는 소음에 둘러싸여 있다고 하는 사실을 좀더 직시하게 될 것입니다. 또한 여러분은 이제껏 자기에게 주어진 직함과 지위에 어울리게 역할을 다해 왔습니다. 심지어는 여러분의 자아가 바로 그 직함과 그것을 둘러싼 관례로 시작하여 끝이 날 정도까지 이르렀습니다. 그 관례에 속하는 유흥과 잡담, 쾅 소리와 비명소리, 이것들은 이미 여러분의 자아와 구별할 수 없는 지경에까지 이르렀습니다.

이것은 마치 감옥에 갇혀 있으면서도 그 사실을 깨닫지 못하는 것과도 같은 상태입니다. 감옥 안에 갇힌 사람들 스스로가 수감되어 있다는 사실을 깨닫지 못하는 것, 이것만큼 효과 만점인 감옥도 없을 것입니다.

그러한 구속의 상태에서 탈출하는 과정은 온갖 종류의 실망과 오해를 불러일으키며, 때로는 철저하게 거부당할 수도 있습니다. 그런데 어찌 그런 일을 감행할 수 있느냐고요? 좋은 질문입니다. 모세가 이집트를 떠날 당시에도 틀림없이 그런 경험을 했을 것입니다. 그는 이집트 바로에게 사랑받기 위해 애쓰지 않았으며, 그러기에 이스라엘 민족에게 부당한 짓을 일삼는 노예감독을 서슴없이 폭행, 살인할 수 있었습니다. 바로는 모세를 죽이려고 수배령을 내렸습니다. 이에 모세는 미디안 광야로 도망을 쳤습니다. 어떻게 그는 그럴 수 있었을까요?

여러분이 만일 일상적인 행동방식을 탈피하여 다른 식으로 행동한다면 여러분을 잘 아는 사람들은 아마도 죽을 때가 다 되었나 보다고 생각할 것입니다. 하지만 여러분은 바라지도 않던 외로움을 경험하게 될 것이며, 이 외로움은 여러분의 시끄러운 마음을 치유해 줄 수 있을 만한 침묵을 얻는 데 꼭 필요한 여러분만의 자유와 고독을 가져다 줄 것입니다.

그리고 이 침묵으로 인하여 여러분은 새로운 사고방식을 가질 수 있게 될 것입니다. 여러분은 새로운 존재를 향하여 점점 더 뻗어나 가게 될 것이며, 오랜 관습으로부터 탈출하는 그 순간 자신이 성장하고 있다는 사실을 어렴풋이 느끼게 될 것입니다. 다음은 모턴 켈시가 성 테레사 수녀에 관한 이야기를 적은 것입니다:

> 어느 날, 예배당에 들어와 조용히 앉아 있던 테레사 수녀는 제단의 커튼이 비뚤어져 있는 것을 발견하였다. '어쩌면 이렇게도 성당 관리인은 조심성이 없을까' 하고 수녀는 생각했다. '당장 …… 아니지, 난 기도하러 여기 온 거지, 성당관리인에게 할 일을 지시하러 온 게 아닌 걸.' 미소를 지으며 조용히 앉은 그녀는 이번에는 지붕에서 나는 날카로운 소음에만 귀를 기울였다. 지붕기와를 새로 얹는 소리였다. '조심성 없는 일꾼 같으니라고!' 그녀는 생각했다. '차라리 여기에서 나가는 게 좋겠다. 도대체가 제대로 일하는 사람이 하나도 없다니까 …… 아니지, 지금은 아냐.' 잠시 후에 그녀는 또다시 침묵을 쌓는 일에 몰두했다.[8]

테레사 수녀는 일꾼들의 "관리인"이라고 하는 자신의 역할에서 탈출하였습니다. 그들이 일을 제대로 하나 못 하나를 감독하는 틀에 박힌 일과에서 벗어난 것입니다. 침묵을 쌓고 또 쌓는 일은 그녀의 숭고한 소명에 날개를 달아 주었습니다 — 침묵에 몰두하는 동안 내재하시는 하나님의 현존으로 말미암아 그녀의 시끄러운 마음이 다시금 새로워졌던 것입니다.

삶에 대한 응답은 온갖 소음에도 아랑곳없이 평온함을 유지하는 것입니다. 그것은 우리더러 역할에서 탈출하여 침묵으로의 부르심에 응답하고 우리 안에서 모든 것을 새롭게 만드시는 하나님의 진보적인 역사에 응답하라고 합니다. 새로운 존재, 하나님에 의해 만들어져 가는 존재가 되는 것이 곧 새로운 소명입니다.

침묵 속에서 현실 문제에 집중하기

3

물론 대부분의 사람들이 행하는 묵상은 초월적인 명상이 아닙니다. 여러분도 설마 이 세상 "밖"이나 "위"에 관한 것들을 생각하라고 주장하지는 않으시겠죠. 아마도 여러분은 이 세상의 현실 문제에 더 많은 관심을 지니고 있을 것입니다.

저 역시 그렇습니다. 제 주변에서 일어나는 사건들의 파도가 일으키는 거품은 너무나도 명백하고 신속합니다. 때문에 그것들을 단순히 그 동안 제가 명상 관련서적에서 보아온 것들이나 전문 "명상가들"이 이야기하는 것들과 연결지을 수는 없는 노릇입니다.

여러분은 어쩌면 시끄러운 세계의 한복판에서 침묵을 발견하고 양성하기로 작정한 수백만 명 가운데 한 사람일 수도 있습니다. 저 역시 여러분과 같은 길을 걷고 있습니다. 특히 제 경우에는 그것이야말로 침묵이 가장 잘 성장하는 방법입니다. 그러면, 이와 같은 환경 속에서 침묵을 양성하는 과정에 관하여 몇 가지 특별한 방법들을 함께 살펴보기로 합시다.

시끄러운 마음속에서 침묵을 양성한다는 것은 먼저 여러분이 살고 있는 그 시끄러운 환경에 대한 솔직한 재평가를 필요로 합니다. 그리고 이 재평가 과정을 통틀어 우리는 '현실 문제에 집중하기'라고 일컫습니다.

현실 문제에 집중하기

여기에서 현실 문제에 집중한다는 말은 침묵을 여러분의 온 존재의 구심점으로 평가한다는 의미를 담고 있습니다. 여러분은 일상생활에서 활동 선택의 토대가 되는(기회의 범위를 제한하는) 침묵에 집중합니다. 여러분은 삶의 내적 영역뿐만 아니라 외적 영역의 중심 또는 초점이 되는 침묵을 찾아 나섭니다. 여러분은 침묵에 기대어 휴식을 얻습니다. 여러분은 중심이 되는 침묵 쪽으로 자신의 삶을 모아들입니다.

하지만 그렇다고 해서 일부러 수도원에 들어갈 필요까지는 없습니다. 다른 사람들이 함께 살고 있는 이 고된 실존으로부터 도망칠 필요가 전혀 없는 것입니다. 영성 훈련이나 피정을 할 수 있을 만한 산을 찾아다닐 필요도 물론 없겠죠. 여러분이 신흥 종교나 옛 종교의 색다른 형태에 도달하여 "침묵을 흐릿하게" 만드는 일은 아마도 없을 것입니다.

오히려 여러분은 지금껏 자신이 관계해 왔던 지상의 실존을 붙들고 늘어집니다. 여러분이 현재 살아가고 있는 행동상황이야말로 침묵이 있어야 할 현장인 것입니다. 그 곳에서 비로소 여러분은 시끄러운 마음을 위하여 침묵을 양성하기 시작합니다.

여러분은 낮에 일할 때 여러분과 함께 하는 다른 사람들 공동체의 일원일 수도 있고 아닐 수도 있습니다. 어떤 경우이든간에, 여러분의 집단은 분리주의자들이 아닙니다. 여러분은 시끄러운 활동들 속에서 엄청나게 많은 일을 하나씩 하나씩 그들과 함께 하고 있습니다. 하지만 집단의 일원으로서 여러분은 공동생활을 하는 가운데 일종의 형제애나 자매애 같은 친밀감을 서로에게 지니고 있습니다.

여러분은 이 세계 속에 있습니다. 하지만 여러분은 갈등과 소음, 잡담, 소란, 게으른 뒷공론과는 전혀 다른 것을 여러분 삶의 중심에 두기로 작정했습니다. 단지 한 사람의 말만 듣고서 마치 그것이 진실이라도 되는 것처럼 계속적으로 옮겨대는 사람들의 말, 증명되지도 입증되지도 않은 이런 말들에 대하여 여러분은 귀를 닫아 버립니다. 여러분은 마라톤 연설자들 축에 끼지 않습니다. 여러분은 다른 사람을 협박하는 고의적인 말다툼을 피해 버립니다. 여러분은 다른 사람들이 말을 다 끝낼 때까지 인내심있게 기다립니다. 그런 다음, 그들이 말하는 동안에 속으로 준비해 두었던 말들을 차분히 이야기합니다.

여러분은 이제 침묵에 집중하는 생활방식을 선택했습니다. 여러분은 귀기울이는 일에 초점을 모으게 되었습니다. 여러분은 다른 사람들이 하는 말뿐만 아니라 여러분 스스로 하는 혼잣말에도 관심을 기울이는 것을 중요하게 생각합니다. 여러분은 말을 꺼내기에 앞서 우선 신중하게 생각하고 적절한 말을 준비합니다. 여러분은 다른 사람들이 실제로 어떤 일들을 겪고 있는지를 알려 주는 척도로서 자신의 감정에 귀기울여 왔습니다. 여러분의 감정은 그들이 겪고 있는 일들에 대해 여러분이 어느 정도 공감하고 있는지를 잴 수 있는 잣대입니다.

결국 여러분은 다른 사람들을 좀더 사려 깊게, 좀더 정확하게 이해할 수 있게 되는 것입니다. 그리고 그들에게 좀더 신중하고 정감 있는 반응을 보이게 됩니다. 물론 그 과정 속에서 여러분은 다른 사람들을 좌절시키거나 성나게 할 수도 있습니다. 그런 사람들은 여러분처럼 상대방에게 말을 내뱉기 전에 먼저 자기에 집중하고, 상대방의 말을 목표로 삼고, 마음을 조용히 가라앉히고 상대방의 가장 깊숙한 감정에 귀기울이는 일이 전혀 없이 즉각적인 응답에만 너무나도 익숙해져 있기 때문입니다.

이 땅의 현실 문제에 집중하는 것에 관하여 말하고 있자니, 인디아나주 리치몬드에 있는 얼햄종교학교에서 어떤 젊은 퀘이커교도 학생과 상담을 나누었던 때의 일이 떠오르는군요. 그 학생은 뭔가 이야기를 꺼내려 하다가 갑자기 멈췄습니다: "죄송해요. 선생님의 생각훈련을 제가 방해한 거 아닌가요?" 그 학생의 사려깊은 마음씨에 정말이지 탄복했었지요.

 본질적인 의미에서 볼 때, 집중한다는 것은 곧 자기 마음속에 품고 있는 경쟁적인 견해들을 침묵시킨다는 의미를 내포합니다. 물론 어떤 사물이나 사람에 관하여 한 가지 느낌만을 가질 수는 없습니다. 아주 여러 가지 느낌을 가질 수 있겠죠.

 여러분은 이렇게 시끄러운 개인적 감정과 견해와 생각의 반목을 불식시키기 위하여 최선을 다합니다. 여러분은 처음부터 다시 시작합니다. 그 사람이 가장 필요로 하는 것 자체를 중심에 둡니다. 여러분은 그 사람이 무엇을 필요로 하는지부터 정확하게 알아내려고 애를 씁니다. 여러분은 그 사람을 창조하실 때 하나님이 어떤 계획을 갖고 계셨는지, 그리고 지금 이 순간 해방적 지혜와 사랑 안에서 하나님이 그 사람을 어떻게 평가하고 계시는지를 가장 중요하게 생각합니다. 여러분은 그 사람의 고유성을 파악하기 위하여 갖은 애를 씁니다.

 토마스 머튼은 다음과 같은 에릭 길의 말을 인용합니다: "예술가는 특별한 사람이 아니다. 모든 사람이 다 특별한 예술가이다."[1] 지금 여러분이 자신의 삶을 어떻게 보낼 것인가 하는 크나큰 문제를 놓고 씨름하고 있는 중이라면, 여러분의 고유성은 무엇이고 또 여러분의 특별한 예술성은 무엇일까요? 어떤 방법을 통해서 여러분은 가장 완벽하게 그 누구도 아닌 여러분 자신이 될 수 있을까요?

 여기에서 집중하는 일은 이제 여러분 안에 있는 하나님의 형상을 발견하는 일로 넘어갑니다. 여러분은 완벽한 침묵이 흐르는 자기 내부의 밀실 안에서 두려움에 떨며 서 있습니다. 이 같은 상황을 머튼은 또다시 아주 잘 표현해 주고 있습니다:

  우리 존재의 중심에는 그 어떤 죄와 망상도 접촉할 수 없는 무

(無)의 지점, 순전한 진리의 지점, 하나님께 속한 지점 또는 불꽃이 있다. 이 지점은 결코 우리 마음대로 어쩔 수 없는 곳이며, 이 지점을 통하여 하나님께서는 우리의 삶을 처리하신다. 이 지점은 우리 마음속의 환상이나 우리 의지의 잔인성이 결코 접근할 수 없는 곳이다.

이 작은 지점 *궁극적인 빈곤*은 우리 안에 있는 하나님의 순전한 영광이다. 말하자면 그것은 우리 안에 쓰여진 하나님의 이름인 것이다. 우리의 가난, 우리의 빈곤, 우리의 의존, 우리의 자녀됨 같이 말이다. 그것은 순수한 다이아몬드와도 같아서, 눈에는 보이지 않는 하늘나라의 빛을 내뿜고 있다. 그것은 모든 사람들 속에 있다.

따라서 만일 우리가 볼 수만 있다면 사람들 얼굴 속에서 빛나는 이 수십억 개의 지점들을 보게 될 것이다. 이 빛으로 인해 태양은 완전히 그 빛을 잃게 될 것이고, 삶의 혹독함은 완전히 사라지게 될 것이다 … 이 빛을 볼 수 있게 만드는 프로그램이 나에게는 없다. 그것은 오로지 주어질 뿐이다. 하지만 하늘나라로 들어가는 문은 어느 곳에든지 있다.[2]

이 빛을 볼 수 있게 만드는 프로그램이 머튼에게 없다니 천만다행입니다. 그런 프로그램들은 오히려 그가 말하는 깜깜한 암흑과 삶의 혹독함만 가져다줄 뿐이기 때문입니다. 그런 프로그램들은 엄숙한 집회와 정상회담, 권력투쟁, 화려한 행렬, 그리고 머튼이 말한 것처럼 서로간의 전망 자체에 대한 통렬한 욕구에서 소음만 발생시킬 뿐입니다.

그러므로 저는 차라리 프로그램화되지 않은 방법 쪽을 고수할 생각입니다. 하지만 프로그램화되지 않은 방법이라고 해서 집중하지 않는 쪽을 택하는 것은 결코 아닙니다. 오히려 현실 문제에 더 철저하게 집중하고, 그로 인해서 모든 것이 크게 달라집니다. 여러분 안에 있는 "하나님의 순전한 영광"을 발견하는 것은 프로그램의 양성이 아니라 생활방식의 성장을 통해서 주변 사람들 안에 있는 하나님의 순전한 영광을 발견하기 위한 토대가 되어 줄 것입니다. 이 일은 모든 것을 크게 변화시킵니다. 로버트 프로스트의 경우처럼, 여러분과 저 역시도 이렇게 말할 수 있습니다:

> 숲 속에 두 갈래 길이 나 있었다. 나는 —
> 나는 사람들이 덜 지나간 쪽을 택했다.
> 그리고 그로 인해 모든 게 바뀌었다.[3]

그러므로, 현실 문제에 집중한다는 것은 하나의 프로그램이 아니라 선택입니다. 집중하는 것은 매시간, 매일, 매주, 여러분 삶에 일어나는 사건들 속에서 훈련하는 것입니다. "택한 길"은 단지 시적인 언어에 머무는 것이 아닙니다. 그것은 생활규칙입니다. 현실 그 자체인 것입니다.

감각기관의 과중한 짐을 덜기

여러분 주변에는 언제나 누군가가 있어 여러분의 눈과 귀에 커다란 소음을 일으키면서 관심을 잡아끌고 있습니다. 이런 소음은 소리가 날 수도 있고 안 날 수도 있습니다. 하지만 여러분의 뇌는 이 소음들을 곧바로 소리로 변환시켜 줍니다.

텔레비전 화면 하단에 토네이도의 접근을 알리는 경고메시지가 뜨면 그것은 어떤 말이나 관악기보다도 더 큰 소리로 다가옵니다. 음악가인 폴 사이먼은 침묵의 소리에 관하여 글을 썼습니다. 토마스 머튼도, 폴 사이먼도, 여러분도, 그리고 저도 아무런 프로그램이 없습니다. 하지만 폴 사이먼이 부르는 유명한 노래 속에서 싸구려 신에게 절하고 기도하는 사람들은 분명 하나의 프로그램을 지니고 있습니다 — 바로 광고지요.

제가 사는 도시에는 아주 독특한 고속도로가 한 군데 있습니다. 네온사인이 끝도 없이 펼쳐지는 곳이죠. 그 거리는 우리 주에서 가장 사람의 통행이 많고 위험스러운 곳들 가운데 하나입니다. 하지만 그 길을 따라 이어진 도시로 갈 일이 생기면 하는 수 없이 그 쪽 길로 가야만 합니다.

물론 다른 길로 돌아갈 수도 있습니다. 조용한 마을들을 지나고, 어수선하지 않은 시골길을 지나고, 숲과 공동 경작지를 지나고, 야단스러운 네온사인이나 제 관심을 끄는 소란스런 소리가 전혀 없는 지역을 지나서 말입니다. 순식간에 저는 그 곳에 도착합니다. 네온사인으로 인해 중단되는 일없이 마음껏 침묵의 소리를 경험할 수 있습니다.

한번은 아내와 함께 캐나다의 퀘벡시에 여행 갔다가 다른 길을 발견한 적이 있습니다. 우리는 여행시즌의 절정인 칠팔월보다는 시월에 여행하는 쪽이 낫다고 판단했습니다. 그리고 차가 많이 밀리는 고속도로보다는 지금은 잘 사용하지도 않는 옛길들을 따라 여행하는 쪽을 택했습니다.

우리는 그 쪽 길들이 훨씬 덜 붐비고, 광고표지판도 훨씬 적으며, 온갖 비용도 덜 들고, 사람들도 훨씬 덜 분주하다는 사실을 깨달았습니다. 우리는 시속 90Km를 끝까지 고수했는데, 그럼에도 불구하고 다른 운전자들이 우리 차에 바싹 붙어서 따라오는 일은 좀처럼 일어나지 않았습니다. 흔히 언덕을 내려갈 때는 미친 듯이 속도를 내고 언덕을 올라갈 때는 안간힘을 쓰면서 제한속도로 질주해대는 트럭운전사들과 앞서거니 뒷서거니 경주할 필요도 전혀 없었습니다.

옛길을 따라 여행하는 것은 훨씬 덜 위험한 일이었습니다. 우리의 눈길을 끌기 위해 하늘꼭대기까지 높이높이 치솟은 광고표지판들도 훨씬 적었습니다. 그런 것들이 그 동안 우리가 농장과, 포도밭과, 소와, 거대한 트랙터가 아닌 말이나 노새를 타고 씨앗을 뿌리는 농부들을 관찰하면서 즐기고 있었던 침묵의 소리를 더 이상 듣지 못하도록 방해하는 것들이었지요. 실제로 우리는 그저 가만히 앉아서 생각에 잠겨 있는 사람까지도 보았습니다!

일상생활 속에서 침묵주머니를 발견하기

일상생활 속에서 일을 하는 가운데 침묵을 발견하기란 여간 어려운 일이 아닐 것입니다. 특히 여러분이 대도시의 거대한 공장에서 거대한 사업을 하고 있다면 더더욱 어렵겠죠. 많은 사람들의 경우, 고요한 장소에 가장 가까운 곳은 바로 화장실입니다. 일터는 대개의 사람들이 생각 없이 말을 내뱉고 생각 없이 소리를 듣는 장소로 그려지기가 쉽습니다.

여러분이 침묵을 양성하는 일에 참여하고 있다면, 그 참여를 기준으로 하여 하루일과를 평가하게 될 것입니다. 예를 들면, 하루는 자기 사무실에서, 또는 창고 안 박스 더미 뒤에서, 또는 직장 근처 인적이 드문 공원에서 혼자 점심을 먹는 쪽을 택할 수 있을 것입니다. 또 여러분은 혼자만의 커피 타임을 가지러 잠깐 산책을 나갈 수도 있습니다. 여러분은 분수 옆에 멈춰 서서 스스로에게 물을 주어 원래의 상태로 돌아갈 수도 있습니다.

저 역시 어느 날인가는 우리 병원의 교수 연구실에서 멀리 떨어져 나와 도시의 중심가를 걸으면서 점심을 먹은 적이 있었습니다. 그 때 저는 오랜 시간을 활기차게 산책하는 것도 무척 운동이 되는 일이며, 그 동안 제가 이야기하거나 귀기울여야 했던 수많은 사람들과의 대면에서 저를 해방시켜 주고, 더 나아가 제 영혼이 제 육체를 따라잡을 수 있을 만한 시간적 여유를 제공해 준다는 사실을 발견했습니다.

 방적 공장의 엄청난 소음 속에서 대화를 나누려면 얼마나 고래고래 고함을 쳐야 했던가도 새삼 또렷이 떠오릅니다. 우리는 입술모양을 읽는 방법을 익혀야 했으며, 손과 머리와 발로 신호와 사인을 보내 의사를 소통하는 방법도 배워야 했습니다. 하지만, 그럼에도 불구하고, 그 엄청난 소음은 다른 온갖 소음들을 가려 주는 덮개의 구실을 했고, 저는 마음속에 내적 고요함을 키우는 심오한 시간을 가질 수 있었습니다. 저는 그 때 비로소 제 삶에서 신비로운 의식이 성장하기 시작하는 것을 느꼈습니다.

 병원업무를 하는 동안, 저는 도대체 왜 병원당국이 제 사무실 안까지 음악스피커를 설치해 놓았는지 참으로 의아했었습니다. 하지만 지금은 그것이 얇은 벽 너머에서 들려오는 온갖 소음들 속에서도 어느 정도 나만의 자유를 누릴 수 있도록 유쾌한 소리 덮개를 만들어 주기 위함이었다는 사실을 잘 알고 있습니다. 그러나 개인적으로 저는 방음벽이 설치된 방을 더 좋아합니다. 음악소리를 들으며 직무를 수행한다는 것은 저에게 너무나도 힘든 일이었으니까요.

 요즘 젊은 세대들은 텔레비전을 보거나 라디오를 들으면서 일하는 데에 익숙해져 있습니다. 그들은 침묵의 소리를 편안하게 받아들이지 못합니다. 물론 이런 이유 때문에 그들을 과소평가하려는 것은 결코 아닙니다. 그들은 그들 나름대로의 생활방식을 갖고 있으니까요. 어쩌면 제가 젊었을 때 방적공장의 기계소음 속에서 그랬던 것처럼, 그들 역시 음악이 다른 모든 소음들을 잠재워 주어서 내면의 대화를 나눌 수 있는지도 모르는 일입니다.

말이 없는 세계에 집중하기

자기가 만들어 낸 고요한 환경 속에서 자기세계의 가장 중요한 부분이 말로 표현되지 않는다는 사실을 깨닫게 되는 바로 그 순간, 여러분은 또 하나의 돌파구를 발견하게 됩니다. 말은 그냥 귀에 들리는 것입니다. 그것이 의미하는 바를 명확하게 하기 위해서는 주의깊게 말하는 것도 중요하지만 주의깊게 듣는 것도 매우 중요합니다. 우리 마음속의 온갖 소음들은, 우리가 전해들은 말과 그 말이 의미하는 것 사이에 혼동이 빚어질 때 발생합니다.

미국의 초대 퀘이커교도인 존 울맨(1720-72)이 펜실베니아주에 거주하는 아메리카 인디언들 사이를 방문한 일에 관하여 말한 적이 있습니다. 그들은 영어를 이해하지 못했으며, 울맨 역시 그들의 언어를 이해하지 못했습니다. 통역인들도 통역을 하는 과정에서 많은 어려움을 겪었습니다. 마침내 울맨은 그들과의 직접적인 대화를 벗어나 하나님과의 대화 속에서 기도하기로 결심을 하였습니다. 그는 결심한 대로 실천했고, 모임은 그의 기도로 끝이 났습니다. 그가 정확히 기도했다면 틀림없이 신적인 사랑의 표현이 그의 말들 배후에서 그대로 전달되었을 것입니다. 모임이 끝난 다음, 그는 자기 종족의 안녕이 최대 관심사인 한 아메리카 인디언이 한 통역사에게 이렇게 이야기하는 것을 들었습니다: "말이 생겨나는 곳에 귀기울인다는 것은 정말로 좋은 일이군요."[4]

말이 생겨나는 곳은 바로 침묵의 영역입니다. 의미론(말의 의미 있는 사용)의 선구자 격인 알프레드 코르찌프스키는 사물이 실제로 존재하는 방법에 대한 심오한 이해는 결코 말로 표현할 수 없는 것이라고 주장합니다:

> 이 차이점을 구별할 수 있을 만한 뭔가 '다른 방법'을 찾아야만 한다. 우리는 손가락 하나로 사물을 가리키든지 해서 몸소 보여줘야 한다. 내적으로뿐만 아니라 외적으로도 침묵을 지켜야만 하는 것이다. 다른 손으로 우리 입을 막아 침묵을 가리킬 수도 있다 …… 이 마지막 단계에서 우리는 볼 수도 있고 조종할 수도 있다. 하지만 반드시 침묵해야만 한다.[5]

그렇다면, 결국 긍정적 단계의 의미와 이해는 깊이 있는 침묵에서 비롯되는 것이라고 할 수 있을 것입니다. 그리고 알버트 아인슈타인이 자신의 사고과정에 관하여 말한 것처럼, 대부분의 기초적 사고는 "눈에 보이는 것으로서 어느 정도의 근육형태를 띠고 있습니다. 형식적인 말이나 그 밖의 신호들은 오로지 이차적 단계에서 공들여 찾아야만 하는 것입니다."[6] 우리 마음속 소음의 비극적 요인은 말이 혼동을 일으키고, 의미를 숨기거나 왜곡을 부르며, 나아가 날카로운 소리를 빚어낸다고 하는 점입니다. 말은 사람들이 서로를 따돌리게 만들고, 폭탄과 드릴을 사용해야만 제거할 수 있을 정도로 단단한 오해를 불러일으키며, 심지어 어떤 사람들의 경우에는 절대로 화해하거나 좋은 관계로 되돌아갈 수 없게끔 만들어 버립니다. 루스 다이치와 패트리샤 하지스는 뇌손상을 입은 아동과 정신적 도전에 부딪힌 아동이 언어를 사용하지 않고 다만 촉각과 시각, 그리고 인내심이 강한 교사와의 상호관계만을 통해서 이야기하는 방법을 익히는 것에 관한 연구과정에서 이 부정적 단계의 말에 접하게 됩니다: "언어는 거짓말을 하거나 빗나간 질문으로 진실을 숨기는 등 부정적인 방식으로 사용될 수도 있다. 또 이제까지 그렇게 사용되어 온 것이 사실이다. 오늘도 언제나와 다름없이 수많은 뉴스매체들이 마음을 어지럽히고 판단을 흐리게 하는 말과, 관료적 용어들로 꽉 찬 거짓말과, 독재자나 독재자가 아닌 사람이나 너나할 것 없이 토해 내는 선전의 증거물들을 충분히 제시해 주고 있다."[7]

모두가 맞는 말입니다. 하지만 동시에 언어나 말은 삶을 영위해 나가기 위한 주요수단들 가운데 하나이기도 합니다. 그런데 이 말들이 인간의 마음속에 소음의 장벽을 쌓게 될 때 생존의 가치는 위험에 처하게 됩니다. 우리의 대처능력에는 생산적인 인간의 생각이나 하나님과의 직접적인 접촉보다도 더 우선적이라 할 수 있는 무언의 침묵 양성 역시 포함됩니다. 말은 명확하게 전달되고 오해가 생기지 않게끔 구체화됩니다.

시끄러운 마음속에서 침묵을 양성하려면 듣는 것 하나만의 의미 사용으로부터 벗어나 고요한 세계에 민감해지는 모든 의미 사용에로 철저히 전환해야만 합니다. 그렇지만 이런 일이 가능해지려면 먼저 그렇게 중요한 전환이 좀처럼 사용되지 않는 몇 가지 원칙들과 결부되어 있음을 알아야 합니다.

최초와 최후의 발언에 대한 욕구를 극복해내기

여러분은 살면서 부모나 교사나 목사나 또는 그 밖의 지도자들과 서로 맞서는 일이 생길지도 모릅니다(그들이 서로 경쟁을 하는 동안에). 그들이 이제껏 한번도 해본 적이 없는 일을 감행함으로써 여러분이 "첫번째" 인물이 되었다는 이유 하나만으로 말입니다. 그런 일을 함으로써 여러분은 그들이 지금껏 여러분의 마음속에 넣어 준 모든 것을 거스르고 반항하며, 나아가 그들이 이제까지 가르쳐 온 것들을 모두 거부하는 전쟁을 치르게 될지도 모르기 때문입니다.

이러한 전쟁이 만들어 내는 소음은 여러분의 말이나 행동을 모두 뒤덮어 버립니다. 이 전쟁은 말이나 행동보다도 우선 마음속의 고요한 감금장소에서, 그러니까 가장 심원한 사고의 출처 속에서 사납게 휘몰아칩니다. 이 전쟁은 그 어떤 말보다도 더 큰 소리로 이야기하시는 하나님의 침묵과 여러분 사이에서 벌어질 수도 있는 일입니다. 이것 때문에 여러분은 하나님을 제대로 인식하지 못하게 될 수도 있습니다. 예를 하나 들어볼까요? 다음은 18세 소녀의 시로서, 여러분과 함께 나눠도 좋다고 이미 허락을 받아 놓은 것입니다:

늘 그녀는 그들이 자길 사랑해 주길 원했다.
하지만 그들은 그녀를 좋아하지도 않았다.
그녀는 신경 쓰지 않는 것처럼 행동했다.
그녀와 하나님 외에는 아무도 몰랐다.
하지만 하나님은 그녀를 사랑하셨다.
한밤중에 하나님께서 그녀에게 말씀하셨다.
그리고 그녀의 마음을 행복하고 따스하게 만들어 주셨다.
마치 특별한 존재인 것처럼.

어느 날 그녀는 그들에게 부탁했다.
좋은 부모가 다들 그러듯이
아주 조금만 자길 사랑해 달라고.

그들이 그녀를 내려다보며
"넌 참 멍청한 아이구나"라고 말했다.
"왜 네 오빠처럼 할 수 없는 거냐?
그 앤 우릴 괴롭히지 않는데."

그 후로 그녀는 자기가 멍청한
아이라고 여기게 되었다.
자신이 골칫덩어리처럼 여겨졌다.
더 이상 그녀의 마음은 행복하고 따스하지 않았다.
더 이상 특별한 존재인 것처럼 여겨지지 않았다.

결국 그녀는 하나님을 땅 속에 묻어 버렸다.
무덤 옆
진흙탕에 있던
잡초 같은 민들레와 함께.

— 김

그녀가 부모와의 논쟁뿐만 아니라 하나님과의 논쟁에서도 최종적인 발언을 하고 싶어한다는 것은 그야말로 비극이 아닐 수 없습니다. 그녀의 부모 역시 어떻게 해서든지 그녀에게 최종적인 발언을 하고 싶어합니다. 그런 식의 전쟁은 역사상 가족이 생겨난 이래로 언제나 벌어져 왔던 것으로 알려져 있습니다.

언젠가 어디선가는 사격중지 명령이 내려져야 할 것입니다. 누군가가 최종적인 발언을 할 수 있도록 허용하는 것 — 그것은 아주 중요한 문제입니다. 일종의 감미로운 용서가 벌어집니다.

부모는 협상이 불가능한 존재입니다. 부모는 돌려 줄 수도 없고 반품할 수도 없습니다. 다른 누군가로 교체할 수도 없습니다. 심지어는 우리의 요구조건에 맞게 수선해 주겠다는 보증서 하나도 받을 수 없습니다. 생각해 보십시오. 그런 식의 말다툼이 일으키는 소음에 지배당하도록 내버려 두기에는 우리의 삶이 너무 짧지 않나요?

마찬가지로, 남편과 아내 역시 최초와 최후의 발언 때문에 서로 맞서는 동안 자신의 결혼생활을 일찍 무덤으로 보내 버리는 말들을 자주 하게 됩니다. 물론 결혼생활에서 대화가 중요하다는 것은 틀림없는 사실입니다.

하지만 대화 중에서도 말없는 대화가 가장 심오한 편이며, 가장 많은 신뢰를 필요로 하고, 또 가장 신중한 자세를 요구합니다. 그저 귀만 가지고 듣는 게 아니라 모든 감각기관을 총동원하여 듣는 것 — 말투와 억양에 귀기울이고, 흘긋 보기도 하고, 만져도 보고, 행동도 하고, 멀고 가까운 거리도 재보고, 냄새도 맡아 보고, 맛도 보고, 관습과 그 관습의 변화도 살펴보고 함으로써 — 은 부부관계에서 현명한 사랑이 솟아나는 비언어적 커뮤니케이션의 출처입니다. 그 말이 의미하는 바와 그 말이 비롯된 곳을 감안하여 서로를 판단하는 것, 이것이야말로 가정에서 시끄러운 마음을 평온하고 고요하게 잠재우는 근본원인이 되는 것입니다.

직장에서도 역시 상대방을 앞지른 사람, 최초로 발언한 사람, 프로그램을 시작한 사람, 그 프로그램을 원래 구상해 낸 사람들 사이에 전투가 휘몰아칩니다. 직원들 내부에 논쟁이 일면, 기나긴 회의는 누군가가 딱 들어맞는 말 — 포장된 문제들을 묶어 놓은 나비매듭 — 을 찾아내게 될 것이라고 하는 가정에 기초를 두게 됩니다. 아무리 상대방을 끽 소리 못하게 하는 말일지라도, 최종적 발언을 내뱉어 입을 막는 것은 현대를 살아가기 위한 규칙입니다.

또한 그것은 직원들의 마음속에 소음을 일으키는 원인이기도 합니다. 그들은 밤에 퇴근을 하고 나서도 낮에 자기가 하고 싶었던 말을 되풀이해 이야기하게 되는 것입니다. 24시간이나 지나서 뒤늦게 올바른 말을 생각한다는 것은 얼마나 고통스러운 일이겠습니까!

모든 말을 다하고 모든 행동을 다 취한 다음에 빚어지는 권력투쟁에서의 비판적 논제는 과연 누가 최종적 발언을 하는가입니다. 하지만 만약 그 집단의 구성원들 모두가 최종적 발언이 전혀 필요 없다는 데 동의한다면, 결국 모든 이들의 최상의 관심 일치가 중심이 될 수 있는 기회를 포착하게 될 것입니다. 인간의 마음속 자만이 만들어 낸 소음을 그런 식으로 극복해 내지 못할 경우, 그 집단의 구성원들은 자칫 서로에게서 움츠러들어 파벌싸움을 한다거나 사표를 던지게 되는 경향이 있습니다.

그런 식의 말다툼을 보고서 제가 느낀 점들을 기록하자면 다음과 같습니다:

> 그러자 그들이 내게 말했다. "이봐, 자 ― 한번 붙어보자고."
> 나는 그들에게 말했다. "하지만 뭣 때문에,
> 무엇을 위해 싸운단 말이냐?" 하지만 그들에게서는
> 와글거리는 소리밖에 들려오지 않았다. 킥킥 웃는 소리 조금하고.
>
> 그래서 나는 그 곳을 떠나 높은 언덕으로 올라가서
> 큰 강 너머로 깜빡이는 네온사인 불빛을 바라보았다.
> 그 강 위에는 여러 나라들의 무역선이 떠 있었다.
>
> 침묵 가운데서 나는 하나님의 지혜에 귀기울였다:
> "무엇을 위해 싸우는지 알고 싶으냐? 가르쳐 주마:

마포 두 야드, 재 한 양동이, 쓸개즙 한 쿼트란다.
마포와 재는 싸움이 끝난 뒤에
그것의 무익함을 깨닫고 후회할 줄 아는 사람들의 것이 될 것이고,
쓸개즙은 자기자신이나 다른 사람들에 대해서
더 이상 아무 것도 느끼지 못하는 사람들,
오로지 쓴맛만 아는 사람들의 것이 될 것이다."

최초와 최후의 발언에 대한 욕구를 극복해 내는 것은 현실적으로 좀처럼 사용되지 않는 원칙입니다. 하지만 그것이야말로 시끄러운 마음속에 침묵을 심는 왕도라고 할 수 있을 것입니다.

전적인 관심과 오감을 총동원하여 귀기울이기

여러분이 무언의 이야기소리를 높이면, 여러분이 염려하고 있는 가장 심오한 삶과 죽음의 문제들을 말로 표현한다 할지라도 엄청난 침묵이 그 목소리를 묵살하게 됩니다.

만일 가장 절친한 친구가 배우자를 잃는다면 여러분은 과연 뭐라고 말할 수 있을까요? 방금 낳은 아이가 죽은 상태로 탄생했다는 사실을 알게 되었을 때 과연 여러분은 아내를 보면서 무슨 말을 할 수 있을까요? 여러분의 사업이 파산을 하여 수년간 연구해 온 일들이 모두 소용없는 짓이 되어 버렸음을 깨닫게 된다면 과연 뭐라 말할 수 있을까요? 좀더 특별한 의미에서, 수없이 많은 전투를 치른 베테랑 싸움꾼이 어떻게 여러분에게 그것이 어떤 것인가를 말해 줄 수 있겠습니까? 만일 여러분이 간호사나 의사, 또는 가난한 이주노동

자들과 함께 하는 사회사업가라면, 그리고 같은 날 장례예식과 결혼예식을 동시에 집례해야만 하는 목사라면, 그 날의 일과를 통해서 여러분이 느낀 혼합된 감정들을 과연 무슨 말로 표현할 수 있을까요?

모든 게 다 그렇게 말로 표현할 수 없는 삶의 비애감으로 가득 차 있습니다. 우리 모두는 짧은 삶과, 불공평과, 피할 수 없는 확고부동한 삶과 죽음의 법칙을 온몸으로 느끼면서 살아가고 있습니다. 하지만 그 같은 미스터리를 말로 표현할 수 있는 길은 없습니다. 삶의 비애감은 생각에 잠긴 침묵으로 이어지는 것입니다.

그러나 여기에서 좀더 깊이있는 것이 생겨나게 되는데, 그것은 바로 삶의 아름다움에 대한 좀더 예리한 인식, 그리고 청각 이외의 다른 감각기관들을 사용하는 것에 대한 좀더 예민한 민감성입니다. 미겔 우나무노에게서 우리는 다음과 같은 사실을 배우게 됩니다: "하나님은 정말이지 보편적 괴로움에서 솟아나와 의식으로 발전하는 사랑이시다." [8] 또한 우리는 시편 기자에게서 아무 소리도 들리지 않는 하나님의 음성에 관하여 배우게 됩니다:

> 하늘은 하나님의 영광을 드러내고,
> 창공은 그분의 솜씨를 알려 준다.
> 낮은 낮에게 그분의 말씀을 전해 주고,
> 밤은 밤에게 그분의 지식을 알려 준다.
> 그 이야기 그 말소리,
> 비록 아무 소리가 들리지 않아도
> 그 소리 온 누리에 울려 퍼지고,
> 그 말씀 세상 끝까지 번져 간다. [시편 19:1-4]

심오한 침묵 속에서 하나님과 직접적으로 접촉함으로써 우리는 역경의 불로 다듬어진 조용한 마음을 통해 하나님을 바라보는 방법을 생생하게 체험하게 됩니다.

이외에도 우리는 부가적인 원칙을 발달시키게 됩니다: 우리의 모든 감각을 총동원하여 귀기울일 수 있는 능력말입니다. 우리는 우리 몸 자체와 우리의 행위를 통하여 말씀하시는, 그리고 어쩌면 전혀 낯선 주변 사람들을 통하여 말씀하시는 하나님의 침묵에 귀를 기울입니다:

> 나는 24시간 내내 매시 매분마다
> 하나님을 바라본다.
> 남자와 여자들의 얼굴에서, 그리고 거울에 비친 내 얼굴 속에서
> 하나님을 본다.
> 거리로 떨어지는 하나님의 편지를 발견했는데,
> 모두가 다 하나님의 이름으로 날인되어 있다.
> 나는 그것들을 원래 있던 곳에 그대로 둔다. 어디를 가든지
> 다른 것들도 어김없이 영원토록 날라 올 것이다.[9]

청각뿐만 아니라 여러분의 모든 감각기관을 총동원하여 들을 수 있는 많은 것들 가운데 몇 가지 특별한 예를 들어 보기로 할까요?:
태양 아래서, 자선병원의 냉방시설이 없는 병실에서, 제강소의 용광로 앞에서, 또는 옷가게의 끈적끈적한 공기 속에서 땀을 뻘뻘 흘리고 일한 다음에 냉방시설이 된 방안으로 들어왔을 때 느낄 수 있는 그 시원한 감각을 한번 떠올려 보십시오.
여러분이 힘써 일하고 있는 동안, 아니면 아프다거나 실컷 운 다음에 사랑하는 사람이 옆에서 이마의 땀을 닦아 주는 그 순간의 느

낌을 한번 음미해 보십시오.

뭔가 아주 웃기는 일 때문에 숨이 막힐 정도로 웃음을 터뜨렸던 때의 느낌을 한번 떠올려 보십시오.

거대한 쇼핑센터에서 저마다 다른 삶의 정거장에 있는 사람들이 수없이 다양한 물건들을 사고 있는 모습을 보면서 느끼게 되는 갑작스런 분리감도 간과해서는 안 되겠죠.

부모를 잃어버린 아이가 여러분이 자기 부모라고 생각하고서 여러분의 소매를 잡아끈다고 한번 생각해 보십시오. 다음 순간, 그 아이는 여러분이 자기 부모가 아니라는 사실을 깨닫게 될 것이고 …… 여러분이 낯선 이방인이라는 것 때문에 무척이나 놀라게 될 것입니다.

그럴 경우, 여러분은 자신이 낯선 사람이라는 한도를 넘어서지 않으면서 그 아이에게 관심과 우정을 전달해야만 하는 입장에 처하게 되겠죠. 우선 여러분은 그 곳에 그대로 서 있어서는 결코 안 됩니다. 무릎을 꿇어야만 하는 것이죠. 물론 거리는 그대로 유지하고 있어야 합니다. 그리곤 아이가 여러분을 보기 위해서 고개를 돌릴 필요가 없도록 그 아이의 얼굴을 들여다보아야 합니다. 그 아이가 도망치지 않도록 기다려야 합니다. 미소를 지어야 합니다. 그러면 여러분은 갑자기 낯선 이방인이면서 좋은 친구도 되는 것입니다.

아니면 사람들이 많이 붐비는 방을 가로질러 가고 있다고 생각해 보십시오. 갑자기 여러분은 누군가가 자기를 지켜보고 있다는 느낌을 갖게 됩니다. 여러분은 주위를 둘러봅니다. 과연 어떤 사람이 여러분을 바라보고 있습니다.

한 아이가 엄마 팔에 꼭 안겨서 우유병을 빨고 있습니다. 그 아이(남자애일까요, 여자애일까요? 그것은 알아내기가 어렵겠군요. 파란색 옷을 입었나요, 분홍색 옷을 입었나요?)는 우유를 꿀꺽꿀꺽 마시면서 눈으로 내내 여러분의 일거수일투족을 지켜보고 있었던 것입니다. 여러분은 미소를 짓습니다. 손을 흔들어 줍니다. 그 아이는 우유병 빠는 일을 한참동안이나 멈추고서 여러분에게 미소를 되돌려 줍니다. 그러면 여러분은 마음이 새로워짐을 느끼게 됩니다.

그렇다면 이번에는 정반대로 한번 생각해 볼까요? 여러분이 지켜보고 있다는 사실을 전혀 깨닫지 못하고 있는 사람들의 몸을 통해서 여러분은 하나님의 메시지를 전해 받게 됩니다. 어떤 사람의 손은 울퉁불퉁하고 일그러진 데다가, 관절염을 앓아 떨리기조차 합니다. 또 어떤 사람의 손은 부드럽고 잘 다듬어진 데다가, 편안하고 차분하게 무릎 위에 올려져 있습니다. 어떤 사람의 손은 커피빛 점이 있어 세월의 흐름을 읽을 수 있게 해줍니다. 또 어떤 사람의 손은 주먹을 꽉 쥐고 있는데도 그 안에는 아무 것도 없습니다.

무엇이 그를 그토록 화나게 만든 것일까요? 그 사람은 도대체 무엇이 두려운 것일까요? 하나님께서는 이처럼 무력하게 괴롭힘을 당하는 손들을 통해서 여러분에게 말씀하고 계십니다. 누군가에게 방금 이야기를 했는데 그것이 금방 다른 이야기로 개작되어 자기 귀에 들어왔을 때, 그 사람의 항변하듯 떨리는 손가락은 폭력적인 분노의 출처 한 가지를 여러분에게 알려 줍니다. 여러분은 다른 사람에게 맡기는 일없이 모든 책임을 다 짊어지고 스스로 문제를 처리하는 쪽을 선택하는 사람이 될 작정입니까? 그런 사람들도 하나님의 메신저가 될 수 있습니다.

조로아스터교에서는 그런 사람을 가리켜 "천사"라고 부릅니다. 구약성경에는 우리가 잘 알지 못하지만 "주의 천사"로서 더불어 싸워야 할 사람들에 관한 묘사가 등장합니다. 자신이 전혀 모르는 낯선 사람과 싸우고 있다는 사실을 깨닫게 되면 부디 조심하십시오. 하나님께서 이 낯선 이를 통하여 여러분의 시끄러운 마음에 관한 메시지를 전달하시려고 애쓰고 계시는 건지도 모르는 일이니까요.

신약성경은 그것을 다음과 같은 표현으로 전해 주고 있습니다: "나그네 대접하기를 게을리하지 마십시오. 어떤 이들은 나그네를 대접하다가, 자기도 모르는 사이에 천사들을 대접하였습니다"(히브리서 13:2). 느긋하게 행동하십시오. 주의 깊게 귀기울이십시오. 이 까다로운 이방인의 말없는 의미에 관심을 집중시키십시오. 틀에서 벗어나십시오. 아무리 교육을 못 받은 사람이라 할지라도 여러분이 고요한 마음으로부터 우러나와 이야기하는 것인지, 아니면 그저 지금까지 들어왔던 소음을 그대로 옮기는 것인지 정도는 금방 알아챌 수 있습니다.

가정에서 조용한 저녁시간에 집중하기

이제 하루 일과가 끝났습니다. 여러분은 집으로 돌아갑니다. 아이의 손이 여러분의 안경테를 따라 움직입니다. 사랑하는 사람의 손이 여러분 뺨의 보조개나 이마의 주름살을 따라 움직입니다. 손님의 손이 여러분에게 따스한 인사를 건넵니다. 이웃의 손이 정성껏 준비한 음식접시를 전해 줍니다. 애도할 만한 일인지 축하할 만한 일인지 직접적인 말은 한 마디도 오가지 않지만, 정성어린 음식접시가 이를 다 말해 줍니다.

그러면 여러분의 배우자는 그 이웃에게 고맙다고 말하고 작별인사를 나눈 다음 그 음식을 식탁에 차려 놓습니다. 여러분은 접시와 은그릇을 준비하는 일을 도움으로써 자신이 파트너임을 배우자가 깨닫게 해줍니다. 그런 다음, 여러분은 침묵 가운데서 함께 그 음식을 먹습니다. 이것은 우정어린 침묵인가요? 따스한 침묵인가요?

아니면 이것은 부루퉁한, 성난 침묵인가요? 이것은 겸손한 침묵인가요? 온화한 침묵인가요? 여러분은 서로를 만지나요? 그렇다면 그것이 의미하는 바는 무엇인가요?

이런 침묵은 현실적으로 우리의 귀에 들려옵니다. 이런 침묵은 실지로 의미를 담고 있어서, 만일 우리가 그것을 마음속의 소음이나 음악으로 바꾸지 않는다면 결국 여러분이나 저나 스스로를 농락하는 것이 되고 말 것입니다.

식사가 끝났습니다. 저마다 일어서서 자기 접시를 싱크대에 가져가 둘이서 함께 수세미로 문질러 씻은 다음 차를 마십니다. 하지만 방해꾼이 등장하고, 여러분은 전화벨 소리에 응답해야만 합니다. 전화를 건 사람은 밑도 끝도 없이 이야기를 쏟아 놓습니다. 여러분은 관심을 온통 그 사람의 말을 듣는 데 쏟아야 합니다. 여러분 쪽에서는 거의 말을 하지 않는다든지 아예 한 마디도 하지 않습니다. 자기 일을 할 수도 없습니다. 자신이 생각하기에 가장 낫다고 여겨지는 의견을 제시할 수는 있지만, 여러분은 그저 귀를 기울일 뿐입니다. 전화를 건 사람의 말을 끝까지 다 들어 줍니다. 전화기를 붙잡고 있는 팔이 저려올 때에야 비로소 여러분은 얼마나 많은 시간이 흘렀는지를 깨닫게 됩니다.

왜 그 사람은 여러분을 직접 만나 이야기하는 것보다 이렇게 전화로 이야기하는 편이 훨씬 더 쉽다고 판단하게 된 것일까요? 어쩌면 여러분이 눈으로는 들을 수 없기 때문인지도 모릅니다. 그러니까 눈으로 직접 보면서 듣는 것보다 수화기를 통해 듣는 쪽이 좀더 주의깊게 상대방의 목소리 속에 숨겨진 감정과 함축적 의미까지도 들을 수가 있는 것입니다.

전화는 이제 시끄러운 세상 속에서 하루일과를 마친 다음에 가까스로 얻은 침묵을 깨뜨리려는 커다란 위협으로 다가옵니다. 다른 사람의 문젯거리에 귀를 기울인 다음, 이번에는 하루종일 끊임없이 승강이를 벌이고 거듭 전투와 좌절을 겪었던 동료에게 전화하고 싶은 욕구를 느끼게 됩니다.

하지만 여러분의 온 존재를 걸고서라도 그 욕구에 저항하십시오! 전화를 꺼버리십시오. 전화선을 뽑아 버리십시오. 만일 그런 기종의 전화기가 없다면 거기에 한번 투자하십시오. 저녁시간대에는 무척 곤란한 긴급사태가 벌어지지 않는 한 어떤 전화벨도 울리지 않도록 하십시오. 일종의 소탈한 영성훈련이나 피정과도 같으니까요.

전화기를 잠재웠으면 이번에는 텔레비전과 직면해야 합니다. 황금시간대 동안 온갖 사람들이 다 여러분의 사적인 자유를 몇십분씩 잡아먹으려고 애쓰고 있습니다. 그리고 이 황금시간대는, 시끄러운 마음을 침묵 쪽에 집중시키는 일에 관심이 많은 사람들의 경우, 텔레비전에 대한 일종의 항거를 요구합니다. 시트콤에서 등장 인물들이 질러대는 비명과 외침소리에 한번 귀기울여 보십시오. 멜로 드라마는 — 흥미롭게도 이번에는 정반대죠 — 꾸며낸 성인용 관심사들에 대한 감미로운 목소리와 고요하고 진지한 목소리로 가득 채워져 있습니다.

한편 이 두 가지와 극단적인 대조를 이루는 스릴러물에서는 자동차를 이용해 살인을 저지르는 장면이 연출됩니다. 권총과 소총이 폭력에 대한 정당방위 수단으로 버젓이 등장하지만, 폭력과 소음과 혼란 속에서 단연 선두를 달리는 것은 자동차입니다. 이 같은 세 가지 종류의 프로그램을 눈으로 보고 귀로 듣는 것은 그야말로 시끄러운 마음 속에 더욱 더 큰 소란을 양성하는 지름길이라 할 수 있을 것입니다.

그러나 텔레비전이 언제나 다 그런 것은 아닙니다. 텔레비전 프로그램을 선택할 수 있는 한 가지 측정방법을 알려 드릴까요? 시청시간이 되기 전에, 가족구성원이 모여 앉아 심도깊은 대화를 나눌 수 있을만한 프로그램을 미리 선택하십시오. 하지만 저녁시간을 시끄러운 마음속에 침묵을 양성하기 위한 시간으로 활용하기 위해서는 텔레비전 시청이 아닌 다른 방법을 사용할 수도 있습니다. 다음과 같은 방법들을 한번 사용해 보십시오.

일과보고 vs. 개작

낮에 일하면서 겪었던 일들을 가족 구성원들이나 룸메이트나 친구들에게 불평을 섞어 가면서 개작하여 들려 주는 일을 피함으로써, 저녁시간에 침묵을 양성하십시오. 물론 이렇게 절친한 사람들과 더불어 하루일과에 대한 보고를 주고받는 것은 서로를 묶어 주는 상호연대의 주요부분입니다. 하지만 이것도 한 시간을 넘어서지는 말아야 합니다. 자칫하면 저녁시간 내내 같은 문제에 대하여 충동적이고도 반복적인 교란을 일으킬 수 있으며, 결국엔 그 날의 소음과 잡담을 고스란히 품에 껴안고 잠자리에 들 수가 있기 때문입니다.

하루일과를 이야기하되, 연설을 펼치지는 마십시오! 이야기가 끝난 다음에는 편안히 앉아서 하루종일 조금도 쉬지 못한 여러분의 영혼을 침묵으로 진정시켜 주십시오. 낮 동안의 스트레스로 인하여 여전히 쑤시고 아픈 영혼의 상처를 가라앉혀 주십시오.

열두 시간의 침묵

언젠가 저는 펜실베니아주 스트루츠버그 근처에 있는 한 가정을 일 주일 동안 방문한 적이 있었습니다. 그 집의 주인은 퀘이커교도인 밥과 에디스 플래트씨 부부였습니다. 그들은 퀘이커교도들이 "만과(晚課)"라고 부르는 것을 그대로 준수했습니다. 이 만과라는 것은 저녁 여덟시부터 아침 여덟시까지 모두가 한 마디 말도 하지 않는 것을 가리킵니다. 저 역시 이러한 침묵의 친교를 함께 나누었습니다.

처음에는 거의 공황을 일으킬 뻔했습니다. 그도 그럴 것이, 여태껏 저는 밤 열한 시나 열두 시가 다 되도록 누군가와 이야기를 나누는 데에 익숙해져 있었는데, 플래트씨 부부네 집에서는 전혀 그럴 수가 없었기 때문입니다. 하지만 점차로 저는 침묵 속에 스며들게 되었으며, 마침내는 에디스가 오래된 집을 질서있게 만드는 것만큼이나 확실하게 침묵 가운데서 뒤범벅이 된 하루 일과를 정돈할 수 있게 되었습니다.

만일 저희 집에서 그런 식의 규칙을 준수한다면 여러 가지 효과를 얻을 수 있을 것입니다. 물론 여러분의 집에서도 그런 효과가 발생할 수 있습니다.

우선, 만과는 우리가 그 날 겪었던 싸움이나 소동을 지나치게 개작하지 못하도록 도와줄 수 있습니다. 둘째, 만과는 저녁 여덟시가 지나면 전화를 거는 일도 받는 일도 없도록 해줍니다. 셋째, 만과는 매일 좀더 심오한 독서를 할 수 있도록 우리를 부추겨 줄 수 있습니다. 넷째, 만과는 가족 구성원들 사이에 무언의 접촉과, 보고 들음과, 미소와 포옹과 키스를 풍부하게 만들어 줍니다. 다시 말해, 무언의 애정 표시가 좀더 많이 드러나게 되는 것이죠. 다섯째, 만과는 "말보다 훨씬 더 깊이있는 탄식소리로 우리를 위해 중재해 주시는" 하나님의 영에 관한 인식을 자극시켜 줍니다. 기도는 말수가 적으면서도 훨씬 더 진지한 것이기 때문이지요. 마지막으로, 만과를 통해서 우리는 훨씬 더 깊이 단잠을 잘 수가 있습니다. 좌절의 꿈이 아니라 만족의 꿈을 꾸게 해주기 때문입니다.

물론 만과라는 개념은 대부분의 사람들에게 전혀 실제적이지 못한 것입니다. 하지만, 그럼에도 불구하고, 여러분은 만과로부터 하루의 일과를 보고하는 것과 걱정되는 일들을 거듭거듭 개작하는 것은 확실히 다르다는 사실을 배울 수가 있습니다. 또한 여러분은 이 만과라고 하는 영성훈련을 통해서, 장설의 전화통화로 다른 사람들이 자신의 저녁시간을 침해하게끔 내버려 두는 시끄러운 마음을 고칠 수도 있습니다. 나아가 좀더 말이 없는 형태의 대화가 오가게 될 것이며, 한밤중에 집에서 묵상을 할 수 있을 만한 시간적 여유도 주어질 것입니다.

잠과 시끄러운 마음속의 침묵

 잠을 이룰 수 없을 때 스스로를 나무라는 대신 다음과 같은 질문을 던져 보십시오: "무슨 문제를 여태 결정짓지 못해서 이토록 걱정이 되는 걸까?" 그렇게 하면 앞으로 해야 할 일이 무엇인가를 결정지을 수 있을 것입니다.

 탕자의 비유를 한번 떠올려 보십시오. 탕자는 이렇게 말합니다: "내가 일어나, 아버지에게 돌아가서, 이렇게 말씀드려야 하겠다……"(누가복음 15:18). 그가 그 시간에 일어나 있었다는 것은 어쩌면 뜬눈으로 밤을 지샜다는 사실을 암시해 주는 것인지도 모릅니다 — 밤새 한 숨도 못 잔 것이죠. 물론 본문만을 가지고 자세한 내용을 알 수는 없습니다. 하지만 불안한 관계는 우리로 하여금 잠 못 이루게 한다는 사실, 그리고 그럴 때에는 뭔가 결정적인 행동이 요구된다는 사실은 확실히 알 수 있습니다.

 물론 지금 당장은 어떤 결정을 내릴 수 없을지도 모릅니다. 진상을 좀더 파악해야 한다거나, 시간이 좀더 필요하다거나, 또는 뭔가 다른 일이 생기기를 기다려야 할 때도 있습니다. 하지만 지금 당장 어떤 결론을 내릴 수 없다 할지라도, 언제 그 일을 결정할 것인지 정도는 정할 수 있을 것입니다. 그 결정으로 인해 시끄럽고도 엉거주춤했던 마음이 고요해질 것이며, 비로소 여러분은 잠이 들 수 있을 것입니다.

어쩌면 너무 피곤한 나머지, 잠을 이룰 수 없을지도 모릅니다. 피로 때문에 여러분은 만신창이가 되었습니다. 그럴 경우, 여러분은 잠의 서곡으로서 먼저 휴식시간을 취해야 합니다. 그저 조용히 누운 상태에서 심호흡을 해보십시오. 누군가와 같이 잠을 자야 한다면, 그리고 그 사람이 이미 곯아 떨어져 있다면, 그 사람의 호흡에 맞춰서 심호흡을 하면 됩니다. 이렇게 함으로써 여러분은 잠의 서곡인 휴식을 취할 수 있을 것입니다.

만일 머리 속에서 온갖 생각들이 난무하고 있다면, 생각을 멈추고 대신 언제나 여러분에게 새로운 기분을 불어넣어 주곤 했던 즐거운 추억들을 되새겨 보십시오. 특별한 사람이나 이전에 여러분이 즐겼던 장소, 여러분의 삶을 좀더 행복하게 해준 사건들, 그리고 다른 사람들을 도와주었던 기억들을 되새겨 보는 것은 아주 효과 만점인 방법입니다. 어느덧 여러분은 잠들고 말 것입니다.

존 그린리프 위티어의 기도문은 여러분과 저를 위한 응답을 들려줍니다:

> 고요함이라고 하는 당신의 잔잔한 이슬방울을 떨어뜨려 주소서.
> 우리의 투쟁이 모두 그칠 때까지
> 우리 영혼에게서 긴장과 스트레스를 씻어내 주소서.
> 그리하여 정돈된 우리의 삶이
> 당신의 아름다운 평화를 고백하게 하소서.[10]

마음속의 낯선 소음들을 잠재우기

4

이 땅 위 성전 안에 군중이 살고 있다.
겸허한 내가 한 사람 있고;
거만한 내가 한 사람 있다.
이웃을 자기 몸처럼 사랑하는 내가 한 사람 있고;
오로지 명성과 재물만 사랑하는 내가 한 사람 있다.
자기 죄를 뉘우치는 내가 한 사람 있고;
전혀 뉘우침없이 싱글거리며 앉아 있는 내가 한 사람 있다.
어떤 사람이 진짜 나인지 결정만 내릴 수 있다면,
이다지도 시끄러운 마음에서 벗어날 수 있을 텐데.

여러분과 제가 "나 자신"이라고 일컫는 우리 안의 군중은 시끄러운 무리입니다. 위의 시는 작가 미상의 것입니다. 이 시는 여러분의 마음속에 들어있는 좋은 소음과 나쁜 소음에 초점을 모으고 있습니다. 여러분은 이제 이러한 소음에 아주 익숙해져 있습니다. 이 소음들이 여러분더러 이것은 하고 저것은 하지 말라고 일러 줍니다.

그렇지만, 그 익명의 작가가 여러분 마음속의 낯설고 기이한, 알 수 없는 소음을 말하고 있는 것은 아닙니다. 이 소음들은 무시무시하고 굉장합니다. 이 소음에 관한 한 모든 게 여러분에게는 기묘하고 낯설고 이질적일 뿐입니다. 아무리 여러분 스스로를 나쁘게 평가한다 치더라도 말입니다. 이 소음들은 알 수 없는 공포를 조성하여 여러분을 불안하게 만듭니다 — 하지만 그것을 뭐라 말로 꼭 집어낼 수는 없습니다. 여러분은 이 소음들로 인해 어리둥절해하기도 하고 얼을 빼앗기기도 합니다. 하지만 그 속에서도 여러분은 일상적인 활동들을 해나갑니다.

여러분은 꿈속에서; 반은 걷고 반은 자는 상태에서; 엄청나게 피곤하지만 자기 역할을 계속 수행해야만 하는 경우에 이 소음들의 존재를 의식하게 됩니다. 여러분은 이 소음이 본질적으로는 낯설지만, 마치 전에 한번 본 적이 있는 영화처럼 묘하게도 친근하게 느껴진다는 사실을 깨닫게 될 것입니다. 다시 말해 여러분의 삶은 마치 전에 한번 겪었던 불쾌한 삶을 재상영하는 것처럼 여겨지기 시작하는 것입니다.

불행과 행복의 뼈대

여러분은 얼마든지 이 낯선 소음과 친해질 수 있습니다. 용감하게 그 생소함을 제거해 버림으로써 소음을 잠재울 수도 있습니다. 그러면 어느 정도는 사라질 것이고, 어느 정도는 고요하고 평온하고 친숙한 소음으로 바뀔 것입니다. 그러기 위해서 여러분에게는 범위가 분명한 전망이 필요합니다. 여러분을 그 소음으로 이끌어 줄 누군가가 필요합니다. 제가 한번 그 역할을 맡아 볼까요?

이 소음들이 여러분의 뼈대와 같다고 한번 생각해 보십시오. 우리 부부는 막내아들이 네 살쯤 되던 해에 그 애를 데리고 콜필드 노벨티 숍에 자주 갔었습니다. 한번은 할로윈을 앞둔 어느 싸늘한 10월 주말에 막내아들에게 입힐 할로윈 복장을 사러 갔습니다. 쇼 윈도우에서 여러 가지 복장을 구경하고 있는데, "진짜와 똑같은" 인간의 뼈대가 눈에 띄었습니다. "저게 뭐예요?"라고 찰스가 물었죠. 저는 우리 모두의 몸 속에는 저런 뼈대가 있는데 그 뼈대가 우리 몸을 지탱해 주고 또 서거나 걷거나 다른 일들을 할 수 있게 해준다고 설명해 주었습니다. 찰스가 말했습니다: "그러니까 제 몸 속에도 저런 게 하나 있다는 말이에요?" 저는 "그렇단다" 하고 대답해 주었습니다. 그러자 아이는 몸을 흔들어도 보고, 비비 꼬아도 보고, 자기 팔로 안아도 보고 하더니 이렇게 말했습니다: "으-악! 무서워요!"

자기 몸에 반드시 필요한 요소인데도 "이 세상 밖에서" 들여다보고 있자니 무척 낯설게 느껴졌나 봅니다. 여러분 역시 자기 안에 있는 영적 음성에 대하여 이런 식으로 느낄 수 있습니다. 뼈대와 친숙해진다는 것은 무척 용기가 필요한 일입니다. 그로부터 몇 년 후 찰스는 시체의 뼈대를 보면서 각각의 뼈 이름을 익히는 의과대학생이 되었습니다.

그러나, 이와 같은 뼈대에 관한 경험은 여러분 안에 있는 글자 그대로의 뼈대가 아닌 또 다른 뼈대를 설명하기 위한 비유로서도 사용될 수 있습니다. 그 뼈대는 저절로 덜거덕 소리를 냅니다; 여러분은 이 낯선 내용물이 악하고 어둡고 나쁘다고 생각할 것입니다. 그런 게 좋은 것일 리 없기 때문입니다. 그것은 여러분을 너무나도 불안하게 만들며, 따라서 언제나 나쁜 것일 수밖에 없습니다. 마치 집 안에서 열심히 일을 하고 있다가 갑작스럽게 한 사람을 쳐다보았는데 누군지 알 것 같으면서도 전혀 모르겠을 때처럼 말입니다. 자연히 여러분은 깜짝 놀라게 됩니다.

저는 그런 기분을 너무나도 잘 압니다. 어느 날 오후 집에 돌아와 보니 아내가 이웃 사람들과 함께 부엌에 모여 있었습니다. 우리가 외출하고 없는 동안에 집이 도둑을 맞았던 것입니다. 그 도둑은 평범한 물건들을 훔쳐갔습니다 ─ 텔레비전·라디오·은그릇·모피 컬러 코트. 모두 재빨리 팔아치울 수 있는 물건들이었죠. 하지만 "그 사람이 문을 부수고 들어왔을 때 우리 둘 중 한 명이, 아니면 둘 다 이 곳에 있었더라면 어떤 일이 벌어졌을까? 그 침입자를 어떻게 처리했을까?"하고 자문해 보면서 우리가 느꼈던 공포감과 불안감,

긴장감에 비하면 그런 물건들을 잃어버린 것쯤은 아무 것도 아니었습니다. 그 사람은 낯선 사람인데다가, 우리를 해치기 위해 집으로 들어왔습니다. 그런 사람을 과연 무슨 수로 우리가 당해 낼 수 있었을까요? 여러분은 추측만 할 수 있을 뿐입니다.

그러나, 낯선 소리는 본질적으로 사악하다고 하는 이러한 느낌은 가장 자연스러운 최초의 반응입니다. 아놀드 토인비는 우리가 자기 자신의 고독을 두려워한다고 말했습니다. 그렇지만 낯설고 잘 알지 못하는 것들에 대한 이런 식의 공포가 이번에는 시끄러운 마음을 잠재움으로써 창조적인 내적 평화를 새로이 가져다 줍니다. 최근에 저한테 다음과 같은 글을 써보낸 사람의 경우도 마찬가지입니다:

> 저는 제 마음속으로 여행을 떠나는 것이 도전적이면서도 궁극적으로는 즐거운 일이라는 사실을 깨달았습니다. 때로는 우리가 자신의 생각 속으로 여행을 떠나지 않기 위하여 별별 짓을 다한다는 느낌이 들곤 합니다. 저 역시 그런 여행을 떠나기 전에는 제 마음속에서 아무런 가치도 발견할 수 없을 거라고 생각했었습니다. 심지어는 무섭고도 끔찍한 괴물들이 그 곳에 자리잡고 있을 거라고 생각하기조차 했었죠.
>
> 저는 심리학자와 상담을 하게 되었는데, 처음으로 대화를 나누게 되던 날 먼저 그 심리학자에게 뭔가 보기 흉한 것을 보게 될 것이라고 경고했습니다. 저는 그 사람을 악취나는 인간 정신의 부패물들을 버리는 인간쓰레기통이라고 생각했습니다. 수많은 두려움과 죄책감과 울적한 좌절감, 이것들은 결코 유쾌한 것이 못되었습니다; 하지만 저는 힘과 인내와 의지도 발견했습니다: 완전해지려는, 그리고 행복해지려는 의지말입니다.
>
> 일단 제 마음속에 좋은 것들이 들어 있다는 사실을 깨닫고 나자, 이

번에는 한 걸음 더 나아가 모든 이들의 마음속에도 좋은 것들이 많이 들어 있다는 사실까지 인정하게 되었습니다 …… 그것은 바로 제 행복의 뼈대가 되었습니다; 이제 그 뼈대 위에 근육을 붙일 차례입니다.

여러분 안에 있는 뼈대는 사실상 "여러분의 행복의 뼈대"가 될 수 있습니다. 그것은 그것 자체 이외에는 아무 것도 필요로 하지 않습니다: 최상의 자기에 속해 있는 진정 정직하고 선한 부분, 삶에 활기를 불어넣어 주는 즐거움의 근육을 붙일 수 있는 구조 그 자체만 필요한 것입니다. 여러분은 원래 지나친 공포 없이 여러분 안의 낯선 음성에 귀기울일 수 있도록 지음 받았습니다. 이 음성을 통해서 자기자신에 관하여 배우게 된 것들은 여러분 스스로를 위하여 행동에 옮길 수 있습니다. 그렇지 않을 경우, 소음과 쾅 소리와 밤도둑과 놀람이 언제까지고 계속될 것입니다.

지금 당장이라도 여러분은 변화를 가져올 수 있습니다. 그러면 이제 여러분 존재의 시끄러운 중심으로 깊숙이 들어가 이 낯선 소음과 친숙해지는 데 효과적인 방법을 몇 가지 소개하기로 하겠습니다.

과거의 낯선 소음과 대면하기

이렇게 낯선 소음들도 따지고 보면 가장 근본적인 여러분의 일부분입니다. 어쩌면 여러분은 일찍이 자기 주변의 환경 가운데서 결코 좋아할 수 없는 뭔가를 발견했을지도 모릅니다. 그리고 그것 때문에 불쾌했을 수도 있습니다. 그것으로부터 뒷걸음질을 쳤을 것입니다.

어쩌면 여러분은 자신의 가족들 — 부모·형제·자매·숙부·숙모·사촌 — 에게서 삶의 단조로움을 목격했을지도 모릅니다. 그들은 자기가 하고 있는 일련의 일들, 자기가 소중히 여기는 일련의 가치들, 자기가 이루고 싶어하는 일련의 소망들, 그리고 자기 마음과 시간을 사용하는 방법들을 너무나도 당연하게 받아들였습니다.

그들 중 아무도 전혀 다른, 아니 오히려 더 나을 수도 있는 생활방식이 존재할 것이라는 생각을 해본 적이 없었습니다. 그런 일은 꿈이나 환상 속에서만 가능했습니다. 그들은 작은 도시·풍차마을·탄광촌·농장·빈민굴의 폐쇄적인 주변환경으로부터 스스로를 자유롭게 만들겠다는 야망을 단 한번도 품어 본 적이 없었습니다. 그저 이렇게 살 수밖에 없는 운명을 타고났다고 여길 뿐이었습니다.

여러분은 그들을 사랑했습니다. 여러분은 그들이 좀더 나은 생활방식을 취하기를 바랐습니다. 여러분은 그들이 자기처럼 야망을 품을 수 있기를 바랐습니다. 여러분은 그들이 좀더 나은 교육과 좀더 넓은 관심의 세계를 향한 여러분 자신의 야망에 동참하도록 부추겼습니다. 여러분은 그들이 육체적 건강과 힘을 위해서만 갖은 애를 다 쓰고 정작 정신적 성장이나 영적 성장을 위해서는 아무 것도 못하는 산업구조나 농경구조의 노예상태로부터 벗어나 자유를 얻을 수 있기를 바랐습니다.

하지만, 놀랍게도 그들은 여러분을 거부했습니다. 그들은 오히려 여러분과 여러분의 생각을 놀리고 비웃었으며, "보통사람"이 되어야 한다고 주장했습니다. 여러분 생각에는 그들이 보통사람들에도 훨씬 못 미친다고 여겨지는데 말입니다. 그렇게 해서 여러분은 별난 사람이 되어 버렸습니다. 여러분은 그들의 축복도 받지 못하고 새 출발을 하게 되었습니다. 여러분은 스스로를 낯선 이라 여기면서 그들 곁을 떠났습니다. 그리고 여러분은 성장하고 생존하게 되었습니다. 그들은 비록 여러분과 함께 성장하고 생존하기를 거부했지만 말입니다.

그로부터 여러 해가 지났습니다. 그들의 말과 가르침은 이제 여러분에게 아주 낯선 것이 되어 버렸습니다. 그들이 비록 여러분의 혈족이긴 하지만, 여러분은 이제 그들보다 훨씬 더 가까운 형제자매와 부모를 만나게 되었습니다. 이 얼마나 잔인한 운명이란 말입니까! 왜 그들은 여러분과 더불어 삶을 나눌 수 없었던 것일까요?

하지만, 여러분이 무슨 말을 한다 할지라도 그들의 생활방식이 여러분의 생활방식과 같을 수 없다는 것만은 확실합니다. 그들은 여러분이 아닙니다. 그러나 사실 그들과 그들의 역할은 여러분의 마음을 구성하는 아주 현실적인 부분입니다. 그들이 여러분의 기억 속에서 만들어 내는 소음이 지금 여러분을 괴롭히고 있습니다.

그 때 당시 여러분 자신이 되기 위해서 그들로부터 스스로를 끊어 내는 것 말고 무슨 일을 할 수 있었을까요? 아무 것도 없습니다. 그것은 운명의 아이러니 가운데 하나입니다. 모든 게 다 잘 되었습니다. 그런데도 모든 것이 여러분을 불편하게 만듭니다. 그런 경험들은 모두 여러분의 것입니다. 나중에 그 경험들을 되돌아보게 될 때쯤이면 ― 십 년, 이십 년, 또는 삼십 년 후에 ― 아마도 여러분이 아닌 다른 누군가에게 일어났던 일들처럼 여겨질 것입니다. 이 얼마나 낯선 기분이겠습니까!

그것들은 여러분의 과거에 대한 시끄러운 기억으로서 여러분 마음속에 메아리칩니다. 여러분은 오로지 잠 속에서, 오래 전에 멀리서 벌어졌던 일들을 꿈꾸는 동안에만 이 낯선 소음을 들을 수 있습니다. 그러다 문득 잠에서 깨어나면, 여러분은 낯선 이방인과 씨름을 한 듯한 느낌을 갖게 됩니다. 여러분의 꿈 역시 지금 여러분이 알고 있거나 행하고 있는 것들과는 너무도 다릅니다. 주위 사람들에게 이것에 관하여 이야기했다간 아무도 이해해 주지 못할 것 같습니다.

여러분은 고생고생하면서 얻게 된 지금의 역할에 관한 한 아주 잘 해내고 있습니다. 그 곳에서는 여러분이 모든 상황을 통제할 수 있습니다. 그렇지만 혼자가 되었을 때, 지쳐 있을 때, 그리고 고독의 장소를 찾아 들어가고 싶을 때, 여러분은 과거의 소음을 듣게 됩니다. 그러니 여러분의 시끄러운 마음이 침묵을 두려워하는 것도 너무나 자연스러운 일 아니겠습니까!

아니면 이와 정반대의 경험을 가질 수도 있습니다: 여러분은 엄청난 특권과 지식과 대중의 신뢰를 한 손에 거머쥔 인물입니다. 여러분의 부모는 대단한 성공을 거둔 사람입니다. 여러분의 형제자매는 말의 세계, 지위 상징의 세계, 이념의 세계, 적절하고 위엄있는 행동방식의 세계에서 커다란 성취를 이룬 사람입니다.

하지만 아주 일찍부터 여러분은 이 모든 상황을 불편하게 여기게 되었습니다. 여러분은 다른 식으로 옷을 입고, 다른 식으로 생각하고, 아주 단순하면서도 무딘 단어들을 사용하는 쪽을 더 좋아했습니다. 그 어떤 대학의 길도 여러분에게는 맞지 않았습니다! 차라리 여러분은 직접적인 경험을 통해서 학습하는 쪽을 선택했습니다. 여러분은 결코 집에 가만히 들어앉아서 말만 하는 부류가 아니었습니다. 삶에 대한 의식이 아주 적거나 또는 전혀 없는 사람들의 경우, 실제로 살아간다는 것은 하나의 추상적인 개념에 불과했습니다. 여러분은 손을 사용하여 일하는 것을 더 좋아합니다. 여러분은 말보다 행동이 앞선 사람입니다.

여러분의 부모는 여러분의 "길을 평탄하게" 하기 위하여 자신의 온갖 영향력과 재물을 총동원하였습니다. 여러분에게는 부모님의 도움이 필요했지만, 정작 여러분은 그것을 거절했습니다. 얼마 후에 — 여러분의 경우에는 책이 아니라 직접적인 경험을 통한 학습과, 졸업증서나 학위나 자격증이 아니라 인간적인 장점을 통한 전진을 주장했기에 다른 사람들보다 훨씬 더 긴 시간이 걸렸습니다 — 여러분의 선천적인 지식이 독자적인 길을 걷게 되었습니다. 여러분은 직관을 통한 자기만의 설계에 입각하여 자수성가를 하게 되었습니다.

사실, 여러분은 이미 여러분의 부모가 걸어 왔던 길을 함께 걷게 되었습니다. 여러분은 이제 성공된 삶을 살게 되었습니다. 여러분은 실패하기 위해 태어난 게 아닙니다. 여러분 자신이 되기 위해 태어났습니다. 여러분 자신이 되는 데에는 좀더 긴 시간이 걸렸고, 확실히 그 길은 여행자들을 위해 도로포장을 해두지 않은 그런 길이었습니다.

하지만, 여전히 여러분 안에는 낯선 음성들이 있어서 여러분을 불안하게 만듭니다. 정말로 여러분은 부모님과 비슷한 게 아니라 달랐던 것일까요?

그럼에도 불구하고, 여러분은 고요해지거나 조용해지길 회피합니다. 여러분은 침묵을 견디지 못합니다. 완벽하게 편안해지고 고요해졌을 때에도 역시 여러분은 자기 안의 낯선 음성을 듣게 됩니다. 여러분은 두려움과 불편함, 거북함을 느낍니다. 도대체 어쩌다가 여러분 같은 사람이 이런 가족의 일원으로 태어났단 말입니까? 왜 여러분은 그들의 축복을 받을 수 없으며, 그들 역시 여러분의 축복을 받을 수 없는 걸까요?

이 책을 읽고 있는 분들 가운데에는 앞의 두 경우와 전혀 다른 식으로 마음속의 낯선 불안감을 느끼는 사람도 있을 것입니다. 여러분의 부모와 형제자매, 숙모와 숙부, 사촌들은 모두 신실한 종교인이었습니다. 그들은 열광적인 교인이었으며, 말과 행동도 열정적이었습니다. 여러분은 그들의 종교적 각광 속으로 끊임없이 밀려들어가고 있었습니다. 여러분은 이런 일을 지긋지긋할 정도로 겪었습니다.

하지만, 결국 여러분은 그런 요소는 자신의 것이 아니라는 결론을 내렸습니다. 낯선 소음은 그들의 소음이었습니다. 따라서 여러분은 자기 자신이 되어야만 했으며, 그러기 전에 먼저 그들이 낯선 사람이라고 하는 결론을 부지불식간에 내리게 되었던 것입니다. 그들의 길은 결코 여러분의 길이 아니었습니다.

어쩌면 여러분은 오로지 자신이 볼 수 있고 만질 수 있는 것만 믿는 불가지론자나 무신론자나 철저히 실제적인 과학자가 되었을지도 모릅니다. 여러분은 이 모든 종교적 넌센스를 인간 정신에 대한 불합리의 승리라고 여깁니다. 아니, 어쩌면 여러분은 종교에 대해 결코 적대적인 사람이 아닐지도 모릅니다; 그저 종교가 자신의 생활방식에는 낯선 것이라고 생각하고 있는 것일 수도 있습니다. 그것은 여러분의 것이 아닙니다.

만일 여러분이 일말의 신비감이나 경외감이나 경이감을 느끼게 된다면, 그것은 기도서나 부흥집회나 로자리오 묵주를 통해서가 아니라 시험관·환자·망원경·현미경을 통해서일 것입니다. 그런 요소는 결코 여러분의 것이 아닙니다. 하지만 순전히 지적인 사람이라고 생각했던 사람이 고요하고 조용하게 하나님에 대한 신앙을 나누고 있는 모습을 볼 때, 바로 그런 "요소"가 여러분을 불안하게 만듭니다.

하지만 다시 한번 묻건대, 그런 "요소"가 바로 여러분의 것입니까? 여러분은 주일학교에서 배웠던 것이나, 어렸을 때 부모님이 여러분의 생각 속에 차근차근 넣어 주었던 것들에 대해서 이상한 친근감을 느끼게 됩니다. 왜 이런 소리들은 여러분 속에서 향수를 불러일으키는 것일까요? 그것들이 또다시 여러분을 불편하게 만들고, 불안하게 만들며, 두렵게 만듭니다. 다른 과학자들과 회의를 하고 있는데 그들이 어렴풋이 여러분을 끌어당기는 말과 행동을 할 때면 "전에도 언젠가 여기 왔었던 것 같은 느낌"이 들곤 하지 않나요?

문득 그 비슷한 경험을 들려 주었던 한 젊은 의사의 얼굴이 떠오르는군요. 그는 의료교육 개선을 위한 워크숍에 참석했다가 거기에서 들은 제안들에 완전히 매료되었고, 전에도 언젠가 이런 식으로 매료된 일이 있었던 것 같은 불쾌한 기분을 느꼈다고 합니다. 그리하여 연속해서 사흘 저녁을 자기 호텔방으로 돌아가 혼자 시간을 보냈다는 것이었습니다. 자기가 새로 알게 된 것들을 처리하기 위해 애를 쓰면서 말입니다.

이윽고 그 일이 끝난 후에, 그는 자기가 느꼈던 낯선 기시감(旣視感)이 그 동안 잊고 지냈던, 그냥 무시해 왔던 자기 경험의 일부라는 사실을 명백히 깨닫게 되었습니다. 그는 문법교육을 받을 때에 산상수훈에 깃든 예수님의 가르침을 배웠던 일을 기억해 냈습니다. 그 새로운 경험을 통해서 그는 어렸을 적부터 익히 들어왔던 몇 가지 진리와 부딪히게 되었던 것입니다. 그리고 그는 자기 방의 침묵과 고독 속에서, 주변에 군중이 없는 시간에 그 일을 해냈습니다. 자기 안의 불쾌한 감정이 옛친구로 밝혀지게 되고 환영을 받게 된 순간, 침묵과 평화와 내적 고요가 그의 온 존재를 감싸안았습니다.

여러분은 과거로부터 오는 낯선 소음들에 대하여 최소한 다음의 세 가지 행동을 취할 수 있습니다.

*첫째*로, 여러분은 뒤로 돌아서서 자기 자신의 뿌리와 다시 친숙해질 수 있습니다. 이것은 수많은 아메리카 인디언들이 자신의 존엄성을 지키기 위해 취했던 방법입니다. 여기에서 뒤로 돌아선다는 것

은 곧 기억을 되살리는 것, 회상하는 것을 의미합니다. 구약성경과 신약성경은 건전한 기억을 강조합니다. 우리는 안식일을 기억합니다. 그것이 우리에게 이집트에서 포로로 있었던 시절을 상기시켜 주기 때문입니다. 우리는 예수님의 죽음과 매장과 부활을 기억하는 가운데 유월절과 최후의 만찬을 축하합니다. 우리는 우리를 이끌어 주었던 지도자들을 기억하며, 그들의 삶의 결과물들을 깊이 생각합니다.

둘째로, 여러분은 가족이 여러분에게 공헌한 바들을 재평가할 수 있습니다. 그들이 여러분에게 안겨 준 인간적 능력이 어떻게 여러분을 지금의 인물로 만들어 주었을까요? 여러분은 지금까지 계속해서 부인해 왔던, 자신이 지닌 이 능력들과 우선 친숙해지는 일에서부터 시작을 할 수도 있습니다. 여러분의 가족은 — 제 경우와 비슷하다면 — 여러분에게 어느 정도의 대가 없는 선물을 주었고, 그 선물들이 여러분을 지금의 인물로 만들어 주었습니다: 완고함과 독립심, 따분한 시간에 일을 하려는 의지, 그리고 지성적인 사람들, 영주로 태어난 사람들 속에 감추어져 있는 인간 본성을 알 수 있는 지혜 말입니다.

말만 번지르르하게 잘하는 가족이 여러분에게 준 것들, 이것들은 윗사람에게 아첨하고 아랫사람에게 교만하게 구는 단골고객들이 사용하는 가면 속의 대화를 여러분이 어느 정도 꿰뚫어볼 수 있도록 도와줍니다. 또한 이것들은 여러분을 지도자가 될 수 있도록 해주고, 그룹 안에서도 타고난 지도자로서 한층 돋보이게 만들어 줍니다. 이것들은 여러분이 고용인들의 최대 관심사를 훤히 꿰차고 있을 수 있도록 사람들에 관한 관심을 여러분 속에 불러일으켜 줍니다.

지나치게 종교적인 부모는 여러분에게 아침 · 점심 · 저녁 식사 때마다 종교를 억지로 강요했을 수 있습니다. 그렇게 함으로써 그들은 여러분에게 헌신의식을 물들였으며, 이 의식이 여러분으로 하여금 현재 속해 있는 과학기구의 기회주의적이고 차선책만 노리는 사람들로부터 글자 그대로 멀리 떨어져 있을 수 있게 만들었습니다. 이 명랑 쾌활한 애국자들이 좀더 따뜻한 기후로 옮겨가고 난 한참 뒤에, 여러분은 12인치나 쌓인 눈 속에 파묻히게 되었습니다.

이제 그 눈이 여러분을 지켜 주고 있으며, 스스로 약속했던 일들을 실행에 옮길 수 있도록 도와주고 있습니다. 사람들이 여러분을 볼 때마다 여러분의 동기가 너무도 "복음주의적인" 것에 대해서 의아하게 생각하는 확고부동한 신념 같은 자질이 여러분에게 있지 않나요? 그러한 "복음주의적" 헌신도 여러분의 마음속에서 느껴지는 낯선 소음에 속합니다.

침묵이 여러분의 마음 문을 두드리고 있습니다. 이제 그만 여러분의 헌신의식이 비롯된 출처를 인정하십시오.

셋째로, 여러분은 부모형제 또는 그 밖의 사람들과 더불어 여러분이 그들에게 빚진 것에 관하여 열린 대화를 나눌 수 있습니다. 또한 그들에게 감사한 마음을 전할 수도 있습니다. 이제 더 이상 여러분은 이방인이 아닙니다. 이 일로 인해 그들은 굉장한 가치의식을 느낄 수 있게 될 것입니다. 동시에 여러분 역시 마음속의 평화와 고요를 아주 뚜렷이 느낄 수 있을 것입니다. 여러분은 괴테가 말한 대로 행하게 됩니다:

> 아버지의 유산으로부터 빌어온 것,
> 그것을 새롭게 취하여 진정으로 소유하여라.[1]

여러분은 부모의 유산을 혼자 힘으로 새롭게 취했습니다. 그 유산을 통해 여러분이 얻은 인간적 능력을 가지고서 말입니다. 물론 이렇게 뒤돌아보고, 재평가하고, 얼굴을 맞대고 대화하는 일은 여러분 마음속에 투쟁을 일으킬 것입니다. 여러분은 자기 안의 낯선 소음과 문자 그대로 씨름을 하게 될 것입니다. 여러분은 자신의 유산이 절대적으로 자기만의 것이라고 주장할 것입니다. 심지어 여러분은 자신이 새 사람이기 때문에 이름을 바꿔야 한다고 생각하게 될지도 모릅니다.

그리고 정말로 그렇게 하는 사람들을 저는 보았습니다. 그들은 삼십대, 사십대, 심지어는 오십대가 되기까지 어렸을 때의 별명을 그대로 사용해 왔을 수 있습니다. 이제 그들은 처음으로 되돌아가서 자기만의 현실적인 이름을 갖게 되었습니다. 그들은 이제 더 이상 미키 따위의 어릴 적 별명을 사용하지 않습니다. 그들은 세상에 태어났던 그 순간의 인물로 되돌아갔습니다. 결국 그들은 부모에게서 받은 유산 때문에 축복을 받게 됩니다. 그들은 이제 다른 사람을 축복할 수도 있게 되었습니다.

아마도 여러분은 구약성경에 실려 있는 야곱의 경험에 흥미를 느끼게 될 것입니다. 천사와 씨름을 한 후에 야곱은 이름을 이스라엘로 바꾸었습니다. 창세기 27-34장을 한번 읽어 보십시오. 아주 놀랄 만한 이야기가 실려 있으니까요.

경멸감 때문에 알지 못하고 있는 사람들을 새로운 눈으로 들여다보기

여러분 마음속의 낯선 소음들과 친숙해지기 위한 또 하나의 방법은 여러분이 — 경멸감 때문에 — 알지 못하고 있는 사람들을 새로운 눈으로 들여다보는 것입니다. 심한 소음이 여러분으로 하여금 그들의 이름을 부르지 못하도록 방해합니다. 여러분은 자기가 깔보고 있는 그 사람 쪽에서 먼저 이 오래된 비상벨을 맞춰 놓았다고 말할지도 모릅니다. 그래서 여러분은 그 사람을 알 수 없습니다. 처음부터 여러분을 넌더리나게 했던 그 사람과 도대체 어떻게 친해질 수 있단 말입니까?

여러분은 그 사람으로부터 뒷걸음질을 칩니다. 여러분의 마음은 불안감으로 꽉 차 있습니다. 그 사람을 생각만 해도 괴롭습니다. 그리하여 여러분은 친하게 여기고 있는 사람에게 그 사람에 관한 이야기를 털어놓게 되고, 여러분 안에 이 모든 비상벨을 켜놓은 사람을 비방하게 됩니다.

다른 사람을 경멸한다는 것은 곧 그 사람을 격하시키는 것, 낮게 평가하는 것을 의미합니다. 여러분은 그 사람을 얕잡아 보고, 비웃고, 단념해 버립니다. 이런 감정들과 함께 나타나는 신체적 증상이 바로 메스꺼움입니다. 여러분은 사람들이 이렇게 얘기하는 것을 들어보았을 것입니다: "그 남자만 보면 속이 메스꺼워." "그 여자 근처에만 가도 토할 것 같다니까."

당연한 일이긴 하지만, 업무상 저도 다른 사람들 또는 저자신의 그런 태도에 과다하게 노출되어 왔습니다. 하지만 저는 그런 혐오감에서 저를 자유롭게 해주시라고 끊임없이 기도합니다. 혐오감은 제가 알고 있는 감정들 가운데 가장 불쾌한 감정에 속하는 것이며, 단 하루도 마음속에 품고 지내고 싶지 않은 그런 감정 가운데 하나입니다.

어쩌면 여러분은 "혐오감이나 메스꺼움이나 경멸감이 내 안에 비상벨을 켜놓은 낯선 소음과 친숙해지는 일하고 무슨 상관이 있는가?"라고 물을지도 모릅니다. 그것은 바로 이렇습니다: 여러분이 다른 사람을 혐오하게 되면, 질투라고 하는 초록눈 괴물이 여러분을 부추기게 됩니다. 여러분은 다른 사람이 지닌 지위·기술·기회·행운 때문에 그 사람을 경시하게 됩니다. 사실은 여러분 자신이 가장 되고 싶은 사람인데도 말입니다. 여러분은 속으로 이렇게 묻습니다: "왜 내게는 그런 일이 벌어지지 않는 거지?" 통제할 수 없을 정도의 경쟁욕구가 여러분으로 하여금 이른바 승리자라고 하는 사람들을 혐오하도록 부추깁니다.

그러므로, 만일 여러분이 회사에서 남보다 앞선 사람이라면 다른 사람들의 혐오의 대상이 된다고 해도 결코 놀라지 마십시오. 여러분이 승리하는 순간, 다른 사람들은 자기 헬멧을 벗어 던져 버립니다. 여러분은 수많은 동료들이 되고 싶어하는 인물을 비춰 주는 거울이 될 것입니다. 여러분은 이 동료들이 선의의 뜻을 이룰 수 있도록 돕기 위해서 스스로를 쓰러뜨리고픈 충동을 느끼게 될 것입니다. 여러분은 가능한 한 모든 방법을 동원하여 그들을 도와주고자 노력할 것입니다 — 그런데도 그들은 여러분을 경멸하고, 비웃고, 대적할 것입니다.

어떤 사람은 이렇게 말할지도 모릅니다: "왜 그 사람들이 나를 경멸하는지 정말 모르겠어요. 난 그들을 돕기 위해 아무 것도 한 일이 없는데 말이죠!" 하지만 여러분은 그들을 돕기 위해 지나치게 노력한다는 그들의 시인이 필요합니다. 그들의 입장에서 보면, 여러분이 그들을 도와주려고 애쓰는 것은 그들이 여러분보다 무력하고 약하고 열등하다고 생각하기 때문이라고 여겨질 수도 있는 것입니다. 그러므로 그들의 성공을 응원하면서 그들 스스로의 힘으로 해낼 수 있도록 그저 내버려두는 것이야말로 진정 그들에게 잘 대해 주는 것입니다.

만일 그들 가운데 누군가가 남을 도우려 들면, 여러분을 도와 달라고 청하십시오. 이것이 바로 도의상 그들에게 경의를 표하는 방법입니다. 그들은 여러분의 도움을 능력으로 받아들이고 위축되겠지만, 반대로 여러분이 도움을 필요로 한다면 그들의 능력을 필요로 하는 여러분의 연약함을 보게 될 것입니다.

또한, 다른 사람에 대한 경멸감은 여러분의 마음을 매우 시끄럽게 만드는 수많은 낯선 소음들의 출처를 밝혀 줍니다. 사도 바울은 이렇게 말했습니다: "어떤 사람이 어떤 죄에 빠진 일이 드러나면, 성령의 지도를 받아 사는 여러분은 온유한 마음으로 그런 사람을 바로잡아 주고, 자기 스스로를 살펴서, 유혹에 빠지지 않도록 조심하십시오"(갈라디아서 6:1). 혐오감이라고 하는 소음은 다른 사람을 향한 모진 마음을 그대로 반영해 주는 것입니다. 만일 이 모진 마음이 삶의 영속적인 방식으로 자리잡게 된다면, 여러분의 마음은 점점 더 낯설고 이상하고 소원한 것이 될 것입니다. 여러분은 자기 안으로 움츠러듭니다; 혐오감이 여러분의 온 존재를 뒤덮게 되고 주도권을 쥐게 됩니다. 이렇게 하여 여러분은 잠시 냉소적이거나 신랄한 말을 내뱉는 데서 그치지 않고, 생활방식 전체가 남을 혐오하는 것뿐인 냉소주의자가 되어 버립니다. 졸렬하고, 우울하고, 적개심에 불타는 조롱꾼이 되고 마는 것입니다.

그런 식의 삶을 살고 있는지 아닌지는 스스로에게 다음과 같은 질문을 던짐으로써 테스트할 수 있습니다: "내가 낯설고, 이상하고, 불결하다고 생각하는 사람은 누구인가?" 여러분은 어쩌면 그런 사람이 한 무더기나 있어서 모조리 하나의 깔보는 듯한 이름으로 묶어 놓았는지도 모릅니다. 여러분은 그런 사람들을 다 똑같다고 생각하기 쉬울 것입니다. 여러분은 그들을 끔찍이도 싫어합니다. 신념의 차원에서 보더라도, 그들과 여러분 사이에는 엄청난 차이가 있을 수 있습니다.

만일 여러분이 전혀 다른 각도로 법의 실제, 의료의 실제, 간호의 실제, 사회복지의 실제에 접근하는 전문가라면, 온갖 종류의 별명과 깔보는 듯한 이름들, 심지어는 저속한 중상모략까지도 한 몸에 얻게 될 것입니다. 동료는 한 인격이 아니라 무능력자 · 돌팔이의사 · 하수인이 되어 버립니다. 이보다 더 심한 경우에는 동료를 인격체가 아닌 겁쟁이나 바보얼간이나 또는 거짓말쟁이로 취급해 버리기도 하죠. 각계각층에 속한 사람들이 주류파 · 측근 · 아첨꾼 · 대변자 · 반대론자 · 품위 없는 사람 · 인간 쓰레기, 또는 그보다 더 나쁜 이름들을 얻게 됩니다.

예수께서도 나다니엘의 혐오감을 직접 느끼셨습니다. 나사렛에서는 아무 것도 나올 수 없다는 혐오감 말입니다. 나다니엘이 예수께 말했습니다: "나사렛에서 무슨 선한 것이 나올 수 있겠소?" (요한복음 1:46). 하지만 그런 나다니엘이 예수님을 개인적으로 만났을 때에는 심경의 현격한 변화를 일으켰습니다. 이 특별한 나사렛 사람을 만난 순간, 나사렛 사람들에 대한 그의 진부한 소음이 모두 사라져 버린 것입니다.

사도 베드로는 이방인을 개처럼 여기도록 교육받았습니다. 그리고 온 생애 동안 이러한 사고방식이 그를 성가시게 따라다녔습니다. 특히 종교적 가르침을 그대로 실천하고 있던 유대인으로서, 그는 이방인들과 함께 식사를 하지도 않았으며, 그들의 불경한 음식을 입에 대지도 않았습니다.

그렇지만 하나님, 고넬료(이탈리아 보병대의 로마인 백부장), 그리고 하나님의 영의 낯설고 새로운 음성과의 극적인 조우를 통해서, 베드로는 하나님께서 비천하고 불결한 존재로 만드신 사람은 아무도 없다고 하는 사실을 깨닫게 되었습니다. 하나님은 결코 사람을 차별하지 않으셨으며, 그것은 지금도 변함없으십니다. 일단의 사람들을 경멸하는 것은 곧 그 사람들과 여러분 모두에게 폭력을 행사하는 짓과도 같습니다. 어떻게 그럴 수 있냐고요?

첫째로, 여러분은 집단소송을 생각하는 사람이 됩니다. 여러분은 한두 사람 겪어본 바를 근거로 해서 그 집단 전체를 모조리 판단해 버립니다. 그리고선 그들 전체를 여러분에게 문제를 일으켰던 한두 사람과 묶어서 다루게 됩니다. 반드시 그런 것도 아닌데 말입니다! 이런 행동은 여러분이 만난 열 번째, 또는 열두 번째 사람에게 너무도 부당한 처사입니다. 그 사람은 여러분이 처음 한두 사람과의 경험을 통해서 만들어 낸 틀에 들어맞을 수도 있고 안 맞을 수도 있습니다. 하지만 여러분은 절대로 그 사실 여부를 알 수 없습니다. 이미 그 사람과 같은 인종·종교·국가에 속하는 어떤 사람과의 오래전 만남을 토대로 해서 그 사람을 심리도 없이 판결해 버렸기 때문입니다.

나무라야 할 것은 나무라고, 칭찬해야 할 것은 칭찬하십시오. 여러분이 지금 기쁘게 해주고 싶은 사람의 노여움을 산 적이 있는 사람에게 똑같은 방식으로 대해야만 할 것 같습니까? 그렇다면 여러분의 기본적인 인간성이 그것을 고통스럽게 받아들일 것입니다. 여러분은 자기 안에 들어 있는 편견이라고 하는 낯선 소음을 알아차리고 인정할 수 있을 정도로 충분히 오랫동안 자신의 마음을 침묵시켜 왔습니다. 여러분에게는 감정이 있습니다. 그 사람을 그런 식으로 취급해서는 안 되는 것입니다.

여러분이 자신의 혐오감과 익숙해지고 또 그것과 정면으로 부딪친다면, 낯선 소음으로부터 개방과 고요가 생겨날 것이고, 나아가 편견의 수다로부터도 자유로워질 것입니다. 이제 여러분은 집단소송을 토대로 하여 다른 사람을 판단하는 일을 그만두게 될 것입니다.

여러분은 고요히 기다립니다. 여러분은 개개인이 타고난 권리로 하나의 인격이 될 수 있게 해줍니다. 여러분은 그들 저마다의 개인적인 발자취를 면밀히 들여다봅니다. 여러분은 그들을 향한 두려움으로부터 자유로워지며, 결코 그대로 간과할 수 없는 마음속의 소음으로부터도 해방됩니다. 여러분은 사람들이 저마다 스스로를 증명할 수 있도록 합니다. 여러분은 자기에게 필요한 것과 같은 일종의 기회를 그들에게도 저마다 부여합니다. 사실 여러분은 이제까지 혐오했던 어떤 사람을 자기 혈족처럼 여기라고 부추기는 고요한 평화로움을 발견할 수도 있습니다.

저 역시도 그런 경험을 한 적이 있습니다. 어떤 잡지사의 논설위원은 저에게 있어 이 세상에서 절대로 믿어서는 안 될 사람의 최고 표본과도 같은 존재였습니다. 저는 그의 사설을 읽었고, 그것은 정말 끔찍했습니다. 저는 그가 인쇄해도 좋다고 수락한 기사 내용들을 보았고, 그것들은 더 끔찍했습니다. 저는 그 사람을 한번도 만난 적이 없었습니다. 만일 그런 만남의 기회가 주어졌다 하더라도 제 쪽에서 그 만남을 피했을 것입니다. 그러던 어느 날, 정말 우연히도 저는 그 사람과 더불어 사회적 상황에 내몰리게 되었습니다. 우리는 바로 옆자리에 앉았습니다. 어쩔 수 없이 그와 개인적으로 대화를 나누어야만 될 상황이었습니다. 저는 조심스럽고도 의심쩍은, 그리고 자기방어적인 태도를 취했습니다.

하지만 그는 마치 대형 고성능폭탄처럼 밀어 붙였습니다: "선생님이 심리학에 관해 이 모든 것들을 가르치는 사람인가요?"

저는 그렇다고 짧게 대답한 후 다른 말없이 그저 기다렸습니다.

그러자 놀랍게도 그가 이렇게 말하는 것이었습니다: "대단하군요! 정말 기쁜데요. 저한테 무척 의미가 큰 어떤 일에 관해 말씀드리지요. 어렸을 적에, 실은 열아홉 살이 될 때까지도, 전 만성적인 말더듬이였답니다. 어떤 심리학자를 찾아갔는데, 그 분이 제가 말더듬이를 극복해 내도록 도와주셨죠. 그 분은 저 역시 다른 사람들이 말더듬이를 극복해 내도록 도와야 한다고 가르치셨어요. 그때부터 저는 항상 말을 더듬는 사람들에게 깊은 동정심을 갖게 되었답니다. 그래서 그 사람들이 말더듬이를 극복해 낼 수 있도록 도와주게 되었죠. 선생님께서도 말더듬이를 도와준 경험이 있으신가요?"

얼마나 놀라웠던지! 뜻밖의 일을 접하고 나니 정말 놀라지 않을 수 없었습니다. 틀림없이 그 때 저는 얼마동안 말을 더듬었을 것입니다. 곧바로 정신을 가다듬은 다음, 저는 거의 한 시간이 넘게 그와 말더듬이에 관련된 여러 가지 주제에 관하여 심도깊은 대화를 나누었습니다. 그리고 그가 사망하기 전까지 15년 동안을 서로 알고 지냈습니다. 그 때부터 계속 저는 도대체 그런 사람이 어떻게 해서 그런 식으로 잡지를 편집할 수 있었는지 의아했습니다. 하지만 그가 저를 하나의 인격체로 대접해 주는 것을 잘 느낄 수 있었습니다.

그와 함께 있으면 언제나 마음이 편했습니다. 저는 그와의 관계를 통해 혐오감으로부터 자유로워지고 고요한 마음을 가질 수 있게 되었습니다. 그는 그가 지닌 공감과 자기표출의 능력으로 저의 시끄러운 마음을 잠재웠습니다. 그는 제게도 저에 관해 선입견을 지니고 있는 사람들과의 관계 속에서 그렇게 행동하라고 가르쳐 주었습니다. 집단소송에 대한 생각이 여러분의 마음속에서 더 이상 소란을 일으키지 않게 될 때, 평온함은 좀더 명확하게 여러분의 것이 될 것입니다.

둘째로, 여러분으로 하여금 어떤 사람을 비천하고 불결한 사람으로 대접하게 만드는 선입견을 면밀히 검토해 보면, 그들의 눈 속에 비친 티끌은 다름 아니라 여러분 안의 대들보라고 하는 사실을 깨닫게 될 것입니다.

제가 한번도 사서 읽어 보지 않은 제 친구의 잡지에 한번은 그 친구가 직접 글을 올렸는데, 저를 가리켜 완고하고 완전주의적이고 강압적인 사람이라는 식으로 글을 올렸더군요. 정말이지 저는 그 친구가 딴 사람처럼 보여서 참을 수가 없었습니다. 그 친구는 그 동안 제가 견뎌내 온 사람들 가운데 가장 견디기 힘든 사람이었습니다. 그런데, 제가 그를 못 견뎌하는 것과 마찬가지로 그 친구 역시 저를 못 견뎌했던 것입니다. 그에 대한 혐오감은 바로 제가 그에게서 보았던 완고하고, 완전주의적이고, 강압적인 저 자신의 자아였습니다. 저는 유혹을 받았습니다; 그 친구 안에서 비난했던 바로 그것의 유혹에 지고 있었습니다.

하지만 그 친구에게는 그 잡지 말고도 다른 것이 더 있었습니다. 그는 저처럼 견디기 힘든 사람과 일체감을 가질 수 있는 능력을 지니고 있었던 것입니다. 그는 저에게 에드윈 마크햄의 시를 상기시켜 주었습니다:

> 그가 동그라미를 그리고 나를 내쫓았다 —
> 반역자, 이단자, 경멸받아야 할 자라고.
> 그러나 사랑과 난 승리의 재치를 갖고 있었다:
> 우린 동그라미를 그리고 그를 받아들였다.[2]

자기혐오를 새로운 눈으로 들여다보기

상습적으로 구타당하는 데다가 자기를 비하하기까지 하던 한 내담자가 저에게 이렇게 말했습니다: "선생님, 그리고 선생님과 같이 일하시는 의과대학생 두 명은 제가 상담을 하러 올 때마다 제 안에 들어 있는 선하고, 강하고, 아름다운 것들만 지적해 주시는데요,

도대체 왜 한번도 제가 뭐가 잘못됐는지를 말씀해 주시지 않는 건가요?"

저는 이렇게 대답했습니다: "그렇다면 뭐가 잘못된 건지 말씀드리지요. 당신은 언제나 뭐가 잘못됐는가만 지적하고 있어요. 하지만 우리는 전혀 그럴 필요가 없지요. 당신이 언제나 스스로 그 일을 하고 있으니까요. 우리에게 찾아오는 사람들 가운데는 단 한번도 자기 자신에게 거친 말을 해본 적이 없는 것 같은 사람도 아주 많아요. 물론 그런 사람들에게는 당신과 전혀 다른 방법으로 상담을 한답니다."

그녀의 더 나은 자아는 그녀 안에서 낯선 사람이 되어 버렸습니다. 그녀는 자기 안에 어떤 선한 것이 들어있다는 사실을 인정하기가 너무도 힘들었습니다. 혹시 여러분 경우에도 그런가요? 어쩌면 여러분은 다른 사람들에 관해서는 아주 최고의 것들만 말하고, 정작 자기 자신은 완전히 멸시해 버리는 사람일 수도 있습니다. 마음에 드는, 가치있고 창조적인 여러분이 널리 알려질 만한 기회, 그래서 더 이상 낯설지 않게 될 기회를 제공받을 만큼 충분히 오랫동안 이 소음들을 잠재울 수 있는 방법은 무엇일까요?

첫째, 자기자신을 이런 식으로 생각하는 사람이 여러분 혼자만은 아니라는 사실을 기억하십시오. 시편 기자 역시 마찬가지였습니다:

> 나를 아는 사람도 내게서 멀리 떠나가게 하시고,
> 나를 그들이 보기에도 역겨운 것이 되게 하시니,
> 나는 갇혀서 빠져나갈 수 없이 되었습니다.
> 고통 가운데서 눈마저 흐려졌습니다. [시편 88:8-9]

예레미야 역시 이렇게 탄식하였습니다:

내가 태어난 날이
저주를 받았어야 했는데!
어머니가 나를 낳은 날이
복된 날이 되지 말았어야 했는데! [예레미야서 20:14]

여러분은 결코 혼자가 아닙니다. 그렇다고 해서 여러분이 옳은 것도 아닙니다. 여러분은 자존감을 가지고 보배롭게 간직해야 할 가치가 있는 존재입니다. 여러분은 스스로에게 아주 낮은 가격표를 붙였습니다. 스스로를 무가치한 존재로 바라보는 여러분의 시선이 마음속에 분노에 찬 불평을 만들어 내고 있습니다. 시편 기자의 표현을 빌자면, "내가 하나님을 기억하면서, 한숨을 짓습니다; 주님 생각에 골몰하면서, 내 기운은 쇠약하여 갑니다"(시편 77:3).

둘째, 여러분의 자기평가와 다른 사람들의 자기 평가를 한번 비교 점검해 보십시오. 여러분은 자기가 스스로를 너무 높이 평가하고 있다고 믿고 있을지도 모릅니다. 하지만 여러분 자신이 얼마나 가치있는 존재인지에 관하여 얘기하는 동안에도, 여러분의 마음속에서는 온갖 종류의 낯선 메아리들이 울립니다. 심지어는 자신에 관한 좋은 소식들까지도 나쁜 소식으로 뒤집어 들을 수 있습니다! 그러므로 다른 사람에게 평가를 맡기십시오. 그들은 여러분이 스스로에게 전해 왔던 온갖 나쁜 소식들에도 아랑곳없이 여러분에게 좋은 소식들을 전해 주는 사람이 될 수 있을 것입니다.

저는 사람들이 스스로에게 붙여놓은 낮은 가격표들을 계속해서 떼어내고 있습니다. 저는 그 가격표 대신 좀더 사실에 가까운 칭찬을 해주려고 노력합니다. 그들에게 한 인간으로서의 가치를 알려 주려 애쓰는 것은 그들 안에 들어 있는 하나님의 우호적 형상을 발견할 수 있는 능력을 증가시켜 주는 아주 희망적인 과정입니다. 그들은 하나님께서 자기를 사랑하신다는 사실마저도 믿기가 힘든 상태입니다. 어쩌면 여러분 역시 그런 문제를 안고 있는지 모릅니다.

제가 아는 어떤 사람은 하나님께서 모든 인간을 사랑하신다고 믿으면서도, 자기처럼 가치없는 사람은 사랑하실 리가 없다고 확신했습니다. 그는 이렇게 말했습니다. "성경에서 '나는 믿습니다; 나의 믿음 없음을 도와주소서!'라고 말했던 사람 있죠? 제가 딱 그 사람이라니까요." 마음을 가장 시끄럽게 만드는 요인 하나는 바로 복된 소식을 믿지 못하는 것입니다: 어쩌면 여러분의 경우도 그럴 수 있겠지만, 하나님께서 선물로 주신 가치있고 소중하고 사랑스러운 자기 안의 낯선 존재를 인정하고 만나고 친숙해지지 않으려 드는 반항심, 이것이야말로 여러분의 마음을 가장 시끄럽게 만드는 요인인 것입니다.

가치있는 자기에 가까이 다가가면 갈수록 점점 더 여러분은 그 낯선 소음들을 여러분 마음이 인식하는 환영할 만한 거주자로 받아들이게 될 것입니다. 점점 더 여러분은 평온함과 평화로움을 느끼게 될 것입니다. 고요함이 여러분을 감쌀 것입니다. 게다가, 추방당한 여러분의 가치있는 자기는 궁극적으로 여러분 안의 그리스도이며, 여러분 안에서 회복된 하나님의 형상입니다. 그러니, 여러분 마음 속에서 가장 아름다운 음악소리를 듣는 것보다 가장 나쁜 소리를 듣는 것이 더 쉽다는 것도 전혀 이상한 일이 아니겠지요?

여러분은 자기 안에 있는 이 중심부의 영원하신 이에게 스스로가 이방인이라고 생각하고 있습니다. 그렇지만 자기 속으로 깊이 여행을 하면 할수록 여러분은 자기 안에 영으로 살아 계시는 하나님과 점점 더 친숙해질 것입니다. 그래서 로버트 브라우닝은 다윗이 사울에게 다음과 같이 말한 데 대해서 전혀 놀라지 않았습니다:

오 사울이여,
그대를 받아들이는 내 얼굴과 같은 얼굴; 나와 같은 인간,
그대는 영원히 사랑하고 사랑받을 것입니다:
이 손과 같은 손.
그대에게 새 생명으로 가는 문을 열어 젖히리니!
그리스도께서
서 계신 것을 보십시오! 3)

감히 무시할 수 없는 침묵

5

저는 비행기 조종에 관해서 거의 아는 바가 없습니다. 하지만 비행기 탑승객으로서, 어떤 소리가 나야 비행기가 제대로 날고 있는지 정도는 금방 알아차릴 만큼 충분히 비행기소음을 들어보았습니다. 행선지에 도착하기 조금 전부터 엔진은 속도를 떨어뜨리고 차차 조용해집니다. 착륙 목표지점에 도착하기 직전, 저는 기어를 저속으로 넣는 소리, 그리고 "덜컹" 하고 기어가 걸리는 마음 든든한 소리를 듣습니다.

저는 조종사들뿐만 아니라 경험많은 탑승객들 역시 엔진소음이 조용해지지 않는다든가, 착륙장치가 적절한 순간에 "덜컹"소리를 내지 않는다든가 하는 상황을 결코 무시할 수 없다고 생각합니다. 엔진소음이 침묵하지 않는다든가, 착륙 장치가 침묵한다는 것은 곧 엄청난 문제가 발생했다는 신호이니까요.

삶도 역시 마찬가지입니다. 아주 중요한 침묵 몇 가지는 심각한 문제가 아주 가까이, 그것도 바로 코앞에 들이닥쳤다는 신호입니다. 여러분은 이 침묵들을 결코 무시해서는 안 됩니다. 물론 무시할 수도 있겠죠; 실제로 그렇게 하고 있는 사람들도 아주 많고요; 하지만 그렇게 해서 무사히 지나간 사람은 아무도 없습니다. 이 침묵들은 예언자적 침묵입니다; 이 침묵들은 여러분의 현재에 있는 비판적 조건들, 여러분의 과거로부터 배우지 못한 교훈들, 그리고 여러분의 미래에 닥쳐올 일들의 형태에 관한 하나님의 메시지로 가득 차 있습니다.

목회상담가로 일하면서 저는 이미 일이 벌어진 후에야 비로소 "왜 아무도 뭔가가 잘못되어 가고 있다는 사실을 좀더 일찍 눈치채지 못했을까? 이런 비극이 닥치기 전에 먼저 찾아왔을 불안한 침묵을 왜 그들은 무시해 버렸을까?" 하고 묻게 되는 비극을 너무나도 자주 보아왔습니다. 이 끔찍한 침묵을 무시하는 것은 여러분의 마음속에 영원한 소음 — 후회 — 을 남기게 될 크나큰 사건들로 이어질 수 있습니다. 여러분은 불안과 낙심과 양심의 가책에 시달리게 될 것이고, 이것들이 끊임없이 여러분의 마음속에서 덜커덕거리며 소리를 내게 될 것입니다.

결국 시끄러운 마음속에서 치유의 침묵을 양성하기 위한 한 가지 방법은, 결코 무시해서는 안 되는 이 침묵들에 다시 안테나를 맞추는 것입니다. 침묵에 귀를 열심히 기울이면 자연히 여러분 마음속의 "소음"도 막을 수 있습니다. 그럼 이것에 관하여 좀더 자세히 설명을 드리도록 하지요.

겉으로는 행복해 보이는 아이의 침묵

여러분이 결코 무시해서는 안 될 첫번째 침묵은 오랜 시간 동안 여러분과 떨어져 있는 것에 대한 항거를 갑자기 멈춰 버린 아이의 침묵입니다. 여러분은 너무도 바쁜 나머지, 이 아이를 24시간 연속해서 이 사람 저 사람 번갈아 가며 베이비 시터의 손에 맡겨 놓았을지도 모릅니다. 그러면서도 수백 가지의 이유를 들어 자신의 행동을 정당화시켰을지도 모릅니다.

그러나 이 아이는 오직 한 가지 사실만을 이해하고 받아들일 뿐입니다: 절대적인 삶의 필요조건들 — 의식주 — 을 충족시키기 위해서는 여러분이 자신의 의지에 반하여 어쩔 수 없이 그렇게 할 수밖에 없다고 하는 거친 현실 말입니다. 만일 여러분의 설명이 정직하지 못하다거나 경박하다거나 이기적인 것이라면, 이 아이는 여러분이 말하지 않아도 다 알아챌 수 있을 것입니다. 비록 여러분은 무언의 대화를 인정하지 않는다손 치더라도, 여러분의 아이는 그것에 관한 한 전문가이기 때문입니다.

여러분은 아이를 떼어 두고 나올 때 아이가 큰 소리로 울며 매달려서 무척 괴로울 것입니다. 그러다가 어느 날인가부터는 그 반항도 침묵해 버리게 됩니다. 얼마 동안 아이는 슬퍼 보입니다. 하지만 곧 장난감이나 음식이나 또는 애완동물 같은 것에 관심을 나타내는 모습을 보게 될 것입니다.

한 어머니가 그런 아이에 관하여 이렇게 말했습니다: "그 아이가 제 모든 것을 망쳐 놓았어요. 제 경력도 그 아이와 함께 끝나 버렸구요. 그 아이는 제 결혼생활까지 위협했어요. 제가 무슨 행동을 했길래 우리 사이에 이런 문제가 생긴 것인지 정말 모르겠어요." [1]

하지만 그 아이는 엄마로부터 분리되었고, 치료사에게 다음과 같이 대답하였습니다: "모든 소리가 다 달라요. 그 가운데는 내가 만들지 않은 소리도 있어요. 천둥도 소리예요. 떨어지는 물건도 소리가 나죠. 그리고 전 아주 조용히 있을 수 있어요. 아무런 소음도 내지 않을 수 있어요. 침묵할 수 있어요." [2]

그 아이의 엄마는 매우 훌륭한 여성이었는데, 걱정스러운 단계에 이르도록까지 자기 아이의 침묵을 전혀 눈치채지 못하고 있었습니다. 이윽고 아이의 침묵을 알아차리게 된 순간, 그녀는 아이가 발달이 느리다거나 아니면 정신분열증에 걸린 것이라고 생각했습니다. 그래서 그녀는 그 방면의 전문가들에게 도움을 요청했습니다. 그리고 마침내 자신이 아이를 자랑스러워하고 있으며, 아이에게 감사한 마음을 품고 있고, 또 아이에게 이끌리고 있다는 사실을 깨닫게 된 순간, 그녀는 뛰어난 능력을 갖춘 따스하고 사랑스러운 아이를 발견하게 되었습니다.

평화롭고 요구가 없고 침묵하는 아이는 믿음직하고 친숙한 부모에 관한 자신의 욕구를 이미 포기해 버렸거나, 아니면 과거에 상처를 입은 아이일 가능성이 큽니다. 그 아이가 포기를 하는 순간 항거의 울음소리도 그쳐 버립니다. 그 아이는 자기가 "침묵할" 수 있다는 사실을 발견합니다.

영국의 정신의학자, 존 보울비의 말에 따르면,"엄마의 모습을 잃어버리게 되는 일련의 혼란상태를 경험한 후에" 아이는 "엄마라는 존재도, 어떤 인간과의 접촉도, 자신에게는 별다른 의미를 주지 못하는 것처럼 행동하게 된다" [3)]고 합니다. 침묵으로의 퇴보는 모든 것에 귀를 기울이지 않는 귀머거리를 만들어 냅니다. "착한 아이"라고 해서 반드시 평화롭거나 행복한 것은 아닙니다.

절망에 빠진 배우자의 침묵

여러분은 지금 막 배우자로부터 이혼하자는 말을 듣고 온 사람의 말에 귀를 기울여 보신 적이 있습니까? 아니면, 배우자가 이혼 의사를 밝히지도 않고 그저 집에 들어오더니 자기 짐을 꾸려서 아무런 사전 예고도 없이 이사를 가버린 사람의 말은요? 버림받은 당사자는 이렇게 말합니다: "나는 뭐가 잘못되어 가고 있다는 생각은 정말이지 꿈에도 해본 적이 없다구요. 모든 일이 다 평상시처럼 잘 굴러갔어요. 그런데 지금에 와서야 — 아무런 경고도 없이, 마치 청천벽력처럼 — 우리 결혼이 끝났다는 겁니다. 도대체 그 사람에게 무슨 일이 생긴 걸까요?"

여러분의 친구 또는 친지는 지금 충격을 받은 상태입니다. 아니, 어쩌면 여러분 자신이 이 버림받은 당사자일 수도 있겠죠. 어떤 논리도 이해가 안 되는 그러한 충격상태에서 여러분은, 남녀를 불문하고, 미지의 것에 대한 공포로 히스테리를 일으키기 십상입니다. 이 같은 정신적 외상은 삶의 얄팍한 덮개를 걷어내 버립니다. 여러분은 거친 현실 속에 그대로 노출됩니다. 현실은 무척이나 냉혹해 보입니다. 여러분은 추위로 마비된 듯한 느낌, 모든 것을 다 빼앗긴 듯한 느낌을 갖게 됩니다.

그렇지만 만일 여러분이 공평하게 양쪽의 이야기를 다 듣고자 한다면, 떠나 버린 당사자에게서 다음과 같은 말을 듣게 될 것입니다: "여러 해 동안 그 사람에게 이해를 시켜 보려고 노력했지만 아무 소용이 없었어요. 그이는 현실을 회피하려고만 든다니까요. 제 말이나 행동에 전혀 귀를 기울이지 않았어요. 그러니 무슨 말이나 행동이 필요했겠어요? 결국 일 년쯤 전부터 전 이해시키려는 노력도 다 그만뒀어요. 전 그저 매일·매주·매월, 일상적인 허드렛일만 하고 지냈어요. 말은 더 이상 필요없었지요. 전 이제 참을 만큼 참았어요. 더 이상 버텨낼 재간이 없어요."

여러분은 여기에서 "말은 더 이상 필요 없었지요"라는 설명에 주목해야 합니다. 이것이 바로 배우자가 귀기울여 듣지 않았던 침묵인 것입니다. 우리는 결코 그러한 침묵을 무시하지 말아야 합니다.

어쩌면 여러분 역시 배우자가 무슨 말을 하거나, 매달리거나, 불평을 하는데도 그것을 그저 소음으로만 받아들여 왔을 수 있습니다. 여러분은 이렇게 생각했는지도 모릅니다: "아, 저 사람은 그냥 바가지를 긁고 있는 것뿐이야. 그저 잔소리만 하고 있는 거지. 금방 이랬다가 또 금방 저랬다가, 잠시도 쉬지 않고 뭔가 불평거리를 찾는다니까. 저런 건 그저 한 귀로 듣고 한 귀로 흘려버리는 게 최고야. 신경쓸 필요없어. 그게 바로 저 사람이 사는 방식이니까. 그걸 누가 말려?"

그러다 보면 이제까지 잔소리하고, 불평하고, 매달려 오던 배우자가 어느 순간 그 일을 멈추게 됩니다. 그리고 그 갑작스러운 침묵을 교묘하게 잘 숨깁니다. 필요없는 일까지 떠맡는가 하면, 아예 여러분 곁에 더 이상 머무르지 않을 수도 있습니다. 만일 여러분이 그 사람의 배우자라면, 갑작스레 찾아온 침묵과 평화와 고요를 무한정 즐기게 될 것입니다. 친구들과 어울리는 데 더 많은 시간을 할애할 수도 있습니다. 아니, 어쩌면 해외 파견근무를 자원하거나, 상당 시간을 집에서 떠나 지내야만 하는 직장으로 옮겨 버리게 될지도 모릅니다.

그러면 배우자 역시 한층 더 도를 더해서 밤낮으로 일을 하게 될 것입니다. 불평이나 잔소리를 멈춘 배우자는 이미 지나치게 많은 일들을 하고 있으면서도 한술 더 떠 — 전임제로 — 학교로 되돌아가는 일에 흥미를 느끼게 될 수도 있습니다. 여러분의 배우자는 봉급생활자일 수도 있고, 전문직종사자일 수도 있습니다. 그 사람은 점점 더 많은 일을 맡게 되고, 마침내는 야간이나 주말에도 일을 하게 됩니다. 소음이 그치긴 그쳤으나, 그것은 순전히 소리를 질러도 들리지 않을 만큼 두 사람 사이의 거리가 멀기 때문입니다. 하지만 비록 그렇다 할지라도 분별력이 있고 예민한 마음의 귀는 그 소리를 들을 수가 있겠지요.

이야기하려는 노력을 포기해 버리게 된 데 대한 논쟁이 이렇게 말없는 행동의 형태를 취하게 될 경우, 여러분의 배우자는 수개월 또는 수년 동안 이런 종류의 침묵 속에서 괴로움을 겪게 될 수 있습니다. 그러다가 결국에 가서는 집을 나가 혼자 살기로, 더 이상의 거짓꾸밈은 그만두기로 작정하게 될 것입니다. 그러면 여러분은 이렇게 말하겠죠: "도대체 무슨 일이 일어난 거지? 난 당신이 전적으로 행복해한다고 생각했는데. 난 그랬으니까." 결국 여러분은 몇 주

또는 몇 개월 전, 아니 어쩌면 몇 년 전에 이미 시작되었을 배우자의 침묵을 전혀 눈치채지 못하고 있었던 것입니다.

결혼생활은 노래와 웃음과 집적거림과 접촉과 대화로 가득 채워져 있습니다. 결혼생활은 두 사람이 대등하게 참여하는 삶입니다. 이 소음들이 뚝 그쳐 버렸는데도 결혼생활의 침묵에 귀기울이지 못하는 것은 몇 가지 잘못된 가정들 때문입니다. 여러분은 결혼이란 게 마치 자동적으로 여러분 관계의 건강을 보장해 주는 제도라도 되는 것처럼 생각하는 모양인데, 절대로 그렇지 않습니다. 만일 그런 식으로 생각하고 있다면, 여러분은 배우자를 진지하게 받아들이는 일에 실패하고 말 것입니다. 그야말로 피상적인 인간이 되고 말겠죠. 그리고 결국에는 결혼생활의 기본적인 행복까지 위태롭게 하고 말 것입니다.

또 어쩌면 여러분은 상대방의 말에 서로가 세심하게 귀를 기울이지 않더라도 결코 결혼생활이 변하거나 쇠퇴하거나 끝장나지는 않을 것이라고 잘못 생각하고 있을 수도 있습니다. 하지만 아무리 멋진 결혼생활이라 할지라도, 얼마든지 금방 무너져 버릴 수 있습니다; 결혼생활에는 끊임없는 관심이 요구되는 것입니다.

사랑은 다름 아닌 관심과 고려와 돌봄으로 이루어져 있습니다. 그런데도 여러분은 침묵 — 부정적 의미의 침묵 — 에 관심을 기울이지 않기로, 관심을 기울이는 데 실패하기로 작정하였습니다. 여러분은 배우자의 말을 의도적으로 무시하고 있습니다. 여러분은 침묵을 그리 중요하게 여기지 않고 있으며, 따라서 그 침묵에 응답할 필요성도 느끼지 못하고 있습니다. 결혼생활에서 결코 무시해서는 안 될 것이 바로 이 침묵인데도 말입니다 — 사실이 그렇다면 여러분은 자신의 결혼생활을 죽이고 싶은 게 틀림없습니다.

거절당한 부모의 침묵

일부 그럴 듯한 잡지나 대중심리학 서적들을 보면, 마치 아들딸들만 거절당해 괴로워하는 것처럼 이야기합니다. 하지만 그것은 아들딸들의 딜레마를 부모 탓으로 돌리려는 잘못된 처사입니다. 부모로 하여금 아들딸이 제자리로 다시 돌아올 수만 있다면 자기가 가진 모든 것을 바쳐서라도 이 치료사 저 치료사 찾아다니게끔 조장하는 것도 따져 보면 바로 절반이 이것 때문입니다.

그러나 나머지 절반의 진실 또한 중요하기는 마찬가지입니다: 아들딸 역시 — 아무리 두세 살 짜리 아이라 할지라도 — 그들만의 마음을 지니고 있다는 사실이 바로 그것입니다. 물론 학교 다닐 나이가 된 아이들은 스스로 결정도 내리고, 권위감도 느끼고, 또 수많은 상황들을 어떻게 통제해야 하는지도 압니다. 그러나 아직 학교에 다닐 나이가 안 된 아이들도 대개가 말과 행동을 사용할 줄 알며, 나아가 자기 부모의 말과 행동과 침묵에 저항하고 거부하기 위해 침묵을 사용하기도 합니다.

부모들 역시 감정을 지니고 있습니다. 부모들 역시 거절당한 느낌을 갖습니다. 부모들 역시 상처를 입습니다. 부모 역시 사람이기 때문입니다. 다음은 아동심리학자 폴 애덤스의 말입니다: "부모를 부모로서 가치평가할 적에 우리는 …… 때로는 그들이 우리에게 보여 주는 좀더 대중적이고도 관습적인 이미지에 채 못 들어가고 넘쳐흐르는 내적인 삶을 지닌 사람으로서 바라볼 필요가 있다."[4] 만일 이것이 심리치료사들이 지켜야 할 주요 사항이라면, 여러분이 자신의 부모님과 관련하여 느끼고 행해야 할 것들은 이보다 훨씬 더 중요한 일입니다.

여러분의 부모님은 여러분에게 강의를 하거나, 훈계를 하거나, 어떤 일을 강요하거나, 여러분을 통제하려고 드는 경향이 있습니까? 예! 예! 그리고 여러분은 끊임없이 여기에 저항하고 있습니까? 그렇다면 여러분의 부모님이 갑자기 이 모든 일들을 그만 두게되는 날을 부디 조심하십시오.

첫날에는 — 아니면 처음 며칠 동안에는 — 어딘지 모르게 슬프고, 냉담하고, 우울해 보일 것입니다. 부모님의 깊은 한숨소리와 "그래, 이제 일이나 하러 가야겠다" 라는 말소리가 여러분의 귀에 들릴 것입니다. 아니면 떠들기 좋아하고 열성적이고 수다스러운 부모가 갑작스레 그런 걸 다 그만둬 버릴 것입니다. 그리고 이 모든 것 대신 피상적인 온유함과 미소가 자리를 잡게 될 것입니다. 부모님은 이제 친절하고 점잖아졌지만, 동시에 거리감이 느껴지고 자기 감정을 전혀 드러내지 않는 그런 사람이 되어 버렸습니다. 예전의 열광과 흥분과 초조한 고함소리와 불평은 이제 모두 사라져 버렸습니다. 마치 버둔이나 노르망디 해변의 전쟁터를 찾아온 듯한 느낌입니다. 모든 것이 고요하게 숨을 죽이고 있습니다.

어쩌면 여러분의 부모님은 여러분보다 교육을 덜 받았을 수도 있습니다. 여러분은 그분들이 알고 있는 지식을 초월하는 그 순간부터 여러분과 그분들 사이에 거리를 두기 시작했습니다. 얼마 동안 갈등이 들끓었습니다. 그런 다음엔 침묵이 뒤따랐습니다. 부모님은 포기를 해버리거나 안으로 움츠러들거나 — 아니면 그 둘 다입니다. 어쩌면 여러분은 부모님과 똑같은 정도의 교육을 받았을 수도 있습니다. 그런데도 여러분은 부모님을 깎아 내리고, 얕보고, 주인행세를 했습니다. 그분들이 마침내 입을 다물어 버릴 때까지 말입니다.

어쩌면 여러분은 부모님보다 재정적으로 좀더 많은 행운을 타고 났는지도 모릅니다. 부모님보다 더 좋은 집에서 살고 있으며, 여러분의 자녀는 여러분이 다녔던 공립학교가 아니라 명성있는 사립학교에 보냈습니다. 여러분은 부모님보다 더 멋진 옷을 입고 다니며, 음주와 사교모임 참석에도 흥미를 갖게 되었습니다. 여러분은 부모님이 물려 주신 가치관들을 모두 잊어버렸거나, 아니면 잊으려 애쓰고 있습니다. 여러분은 부모님이 소속해 있었던 교회보다 좀더 세련된 교회에 다니고 있습니다.

처음엔 그분들도 이러한 온갖 변화에 대하여 완강하게 저항했습니다. 그러나 차츰 포기를 하게 되었고, 안으로 움츠러들었으며, 여러분을 방문하거나 전화를 걸거나 여러분의 친구들과 어울리는 일도 그만두게 되었습니다. 한편 여러분은 부모님이 시대에 뒤쳐지고 세련되지 못한 사람이라고 생각할지도 모릅니다. 그분들을 불편하게 여기면서, 그분들을 위해 시간을 거의 내지 않고, 오로지 자신의 "의무"만 다하면 된다고 생각하고 있는지도 모릅니다.

하지만 그분들의 침묵에 한번 귀기울여 보십시오.

이 모든 경우에, 부모님은 여러분의 거절로 인해 고통을 맛보게 됩니다. 여러분의 부모님 역시 거절당했을 때엔 다른 사람들과 똑같은 반응을 보입니다. 처음에는 적대적인 반응을 보이는데, 심지어는 말싸움이나 주먹다툼까지도 불사합니다. 그런 다음에는 좌절을 하게 됩니다. 그리고 마지막으로 그분들은 모든 것을 포기하고, 다만 침묵 가운데서 슬퍼하게 됩니다. 여러분은 그분들의 침묵에 귀를 기울이고 있는지요? 이것은 결코 무시해서는 안 될 침묵입니다.

이러한 침묵에 관심을 기울이고 부모님께로 헤쳐 나아가는 것, 이것은 여러분의 마음속에 고요한 소음을 키워 나갈 수 있는 하나의 준비된 요소를 여러분에게 제공해 줍니다. 여러분은 부모님께 자신을 또 한 명의 성인으로서 새로이 소개할 수 있는 기회를 포착하게 됩니다. 부모님과 함께 여러분은 부모님이 여러분에게 물려 준 이른바 인간적 장점들을 탐험할 수 있습니다. 여러분은 부모님에게 지난 수년간 여러분을 둘러싸고 있었던 고통의 세계를 자신도 다 알고 있으며 또 그로 인해 괴로워하고 있다고 말할 수 있습니다. 여러분은 그분들의 자녀에만 머무르지 않고 나아가 그분들의 동지가 될 수 있습니다. 지금이야말로 무르익을 대로 익은 성숙한 동지 관계로 나아갈 순간이 아니겠습니까?

물론 여러분은 그분들이 위에서 제시한 반응을 보일 것인지 아닌지의 여부를 자기 힘으로 통제하거나 보증할 수 없습니다. 어쩌면 그분들은 그런 반응을 보이고픈 마음이 전혀 없을 수도 있습니다. 하지만, 결국 여러분은 자기자신이 정직하게 노력했다는 사실만은 알 수 있게 될 것입니다.

또한 여러분은 부모님과 함께 그분들이 흥미있어 하는, 그리고 여러분에게 교훈을 줄 수 있는 새로운 것들을 찾아 나설 수도 있습니다. 어쩌면 그분들은 스퀘어 댄싱이나 독서처럼 여러분이 한번도 상상해 보지 못한 것들에 흥미를 느끼고 있었을 수 있으며, 여러분이 전혀 생각해 보지 못했던 정치적 현안들에 대한 원외활동 같은 데에 관심을 가져 왔을 수도 있습니다. 도대체 그분들은 지금까지 어떤 것들에 흥미를 느껴 왔던 것일까요? 여러분에게만 사생활이 있는 게 아닙니다; 그분들에게도 사생활은 있을 수 있습니다. 그리고 지금 여러분은 그분들의 사생활을 지켜보고 있는 것입니다.

그 외에도, 여러분에 관한 한 부모님은 대가이십니다. 이제는 그분들이 잊어버렸을 거라고 짐작되는 여러분의 발자취들을 어쩌면 그분들은 하나도 빠뜨리지 않고 기억하고 있을지도 모릅니다. 뿐만 아니라 고통에 관해서도 여러분의 부모님은 대가이십니다. 어쩌면 부모님은 여러분보다 더 많은 질병으로 괴로워하고 있는지도 모릅니다. 전혀 그럴 필요가 없는데도 말입니다. 부모님은 여러분과 여러분의 자녀에게 — 만일 여러분에게 자녀가 있다면 — 죽음도 곧 삶의 현실적인 일부라는 사실을 일깨워 줄 수 있습니다. 부모님은 여러분 자녀의 뿌리입니다. 부모님은 여러분의 자녀에게 그분들과 여러분의 유산에 관하여 가르쳐 주고 조언해 줄 수 있습니다.

그렇지 않을 경우, 여러분의 자녀와 부모님 사이에 호의적인 (아니, 때로는 그리 호의적이지 못한) 음모가 싹틀 수 있습니다. 누군가는 말하기를, 조부모와 손자손녀들이 아주 잘 지내는 이유는 바로 그들이 공통의 적을 갖고 있기 때문이라고 했습니다! 과연 그렇게까지 말할 필요가 있을까요? 제 생각은 다릅니다. 부디 부모님의 침묵에 귀기울이고 주의함으로써 그런 주장을 불식시키십시오.

자살을 결심한 사람의 무시당한 침묵

여러분이 무시해서는 안 될 또 하나의 위험한 침묵은 바로 여러분과 친한 어떤 사람이 삶을 끝내 버리기로 작정한 것입니다. 질병이나 노환 때문에, 아니면 이 둘 다 때문에 삶을 끝내기로 작정한다는 것은 결코 흔한 일이 아닙니다. 노환이나 불치병으로 인해 자살을 결심한 사람들은 대체로 의사소통의 단절을 일으킵니다 — 그들 주변에 있는 사람들이 침묵에 대해 특별히 민감하지 않다면 말입니다.

여러분 친지나 친구들 가운데는 꽤 나이가 든 사람도 있을 것입니다. 몇 해 전에 그 사람은 이렇게 불평했었습니다: "나이 먹었다고 날 밀어 젖히려 들어." 그리고 몇 달 전에는 이런 불평을 늘어놓았습니다: "난 이제 폐기처분됐어." 그로부터 몇 달이 지나고 이제는 그 사람으로부터 아무런 말도 들을 수 없게 되었습니다. 여러분은 자주 이런 생각을 하게 됩니다: "그 친구가 잘 지내고 있는지 궁금하군. 오랫동안 그 친구에게서 아무 소식도 못 들었는데." 여러분은 방문을 하거나 전화를 걸어야겠다는 계획을 세웁니다. 그러나 꾸물거리면서 그 계획을 질질 끌기만 합니다. 그러다가 어느 순간 여러분은 결심을 새로이 다지고 충동에 이끌려서 그 친구를 찾아가거나 또는 전화를 겁니다. 그리고 마침내 창백하고 멍한 사람을 하나를 발견하게 됩니다.

그 사람과는 좀처럼 대화를 나누기가 어렵습니다. 하지만 그 사람의 열정을 "계속 부추기면" 대화가 조금 편해집니다. 이어 웃음소리도 들립니다. 여러분은 그 집을 떠난 후에, 또는 수화기를 내려놓은 후에, 그 친구의 침묵의 음성에 귀기울인 것은 그 친구뿐만 아니라 여러분 자신에게도 매우 다행스런 일이었다는 생각을 하게 됩니다. 여러분은 이제 지난 수년간 자신에게 그 친구가 어떤 의미였는지를 확실히 깨닫고 그것에 대해 감사할 줄 알게 되었습니다. 감사를 표현한다는 것은 정말로 좋은 감정입니다.

후에 여러분은 자기자신도 나이들었다는 사실에 직면하게 될 것입니다. 그 친구를 마지막으로 보았던 때의 모습처럼 여러분 역시 늙었습니다. 여러분이 그 친구에게 의미를 지니려고 노력했던 것만큼, 그 때가 되면 여러분에게도 의미를 지니려고 애쓰는 누군가가 필요합니다. 그리고 실제로 여러분은 나중에 여러분을 기억해 줄 젊은 친구 덕택에 차츰 좋아질 것입니다.

한번은 열다섯 살짜리 소녀 한 명이 저를 찾아왔습니다. 그 아이의 부모가 삶의 정황에 관하여 저랑 대화를 나눠 보라고 보낸 것이었습니다. 그 소녀는 저에게 이렇게 물었습니다: "왜 선생님은 제 또래 아이들과 얘기를 나누는 일에 시간을 허비하시는 거죠?"

저는 다음과 같이 설명해 주었습니다: "난 지금 예순이란다. 넌 열다섯이고. 내가 아흔 살이 되면, 리즈 넌 마흔다섯 살이 되겠지. 그래, 지금은 내가 너보다 네 배나 더 늙었어. 하지만 그 때가 되면 두 배만 늙게 되지. 그런데도 난 엄청나게 늙어 버리게 될 거고. 그 때가 되면 난 너처럼 날 기억해 주고 다시 보러와 줄 그런 사람이 필요하게 될 거야! 그렇기 때문에 난 너 같은 친구가 필요한 거란다."

침묵 가운데 있음을 여러분이 눈치챈 사람 가운데는 좌절에 빠지거나 자살충동에 사로잡혀 있는 사람도 있을 것입니다. 여러분 주변에는 늘상 여러분에게 전화를 걸거나 직접 방문하여 여러 가지 일을 함께 해온 친척이나 친구가 있습니다. 그러다가 문득 여러분은 의사소통의 단절이나 또는 솔선정신의 상실을 감지하게 됩니다. 그런 상태가 지속될 경우, 여러분은 가장 먼저 이런 질문을 던지게 됩니다: "저 사람이 나한테 화가 났나? 도대체 무슨 일이 생긴 거야?" 그러다가 잘하면 이런 질문도 던질 수 있을 것입니다: "저 사람이 뭔가 좌절에 빠지거나 우울한 것 같은데?"

어쩌면 여러분 쪽에서 그 사람을 화나게 할 만한 이유가 전혀 없는지도 모릅니다. 하지만 일단 여러분이 먼저 솔선수범하여 그 사람에게 다가선다면 슬픔에 빠진 침울한 한 인간을 발견하게 될 것입니다. 이럴 때 여러분의 방문이라고 하는 자극 하나만으로도 그 사람은 희망과 절망의 차이를 깨달을 수 있습니다.

자살하고픈 충동에 사로잡혀 있는 사람 쪽에서 때로는 자살하겠노라고 하는 자신의 의사를 밝힐 수도 있습니다. 물론 그런 말을 하는 사람은 절대로 그런 짓을 저지르지 못한다는 게 일반적인 통념이긴 하지만, 그것은 잘못된 생각입니다. 더욱이 그 사람이 자살에 관한 이야기를 그친 순간, 자살을 감행할 확률은 더 높아집니다. 그 사람은 이렇게 말할지 모릅니다: "모든 게 다 아름다워. 나도 내 인생의 그 어느 때보다 더 좋아질 거야." 그러면 여러분은 이렇게

생각하겠죠: "그렇게 갑작스레 개선되다니, 무슨 일이 벌어진 걸까?" 하지만 이러한 침묵은 여러분에게 이중적인 경고를 던져 주는 침묵입니다. 여러분은 그 사람의 주치의와 목사와 가족구성원들에게 이 경고를 전달해 주어야 합니다. 하지만 이런 건 비밀에 부쳐야 하지 않냐구요? 아니오, 절대 그렇지 않습니다. 자살과 살인에 관한 위협은 결코 비밀스런 사항이 못 됩니다. 그것은 ― 행동에 옮길 경우 ― 결과적으로 광범위한 영향을 미칩니다. 그런 위협은 조심스럽고 현명하게 대처해야 하는 게 사실이지만, 결코 비밀스러운 문제는 아닙니다.

자살에 대한 위협은 그럴싸하게 포장된 침묵으로 다가옵니다. 만일 이 사람이 친척이나 친구처럼 여러분과 가까운 사람이라면, 친밀감의 변화로 인해 어딘지 모르게 불편해질 것입니다. 딱 꼬집어 말할 수 없는 뭔가가 진행되고 있습니다. 침묵이 여러분의 마음을 불안하게 만듭니다. 침묵이 여러분 마음속에 소음을 일으킵니다.

적어도 여러분은 그 친구 곁에 머무르면서 최대한 많은 시간을 그 사람과 함께 보낼 수 있습니다. 아니, 어쩌면 그 사람이 고열로 시달릴 때 비상벨을 울림으로써 의사가 달려오게끔 조치할 수도 있을 것입니다. 침묵에 대한 여러분의 관심은 그 사람에게 당신이 특별한 존재가 될 수 있도록 만들어 주는 요소입니다.

수다스런 동료의 갑작스런 침묵

직장에서, 동업자들 사이에서, 교회에서, 병원에서, 그리고 학교에서 이루어지는 업무조직화를 위한 단체생활은 동료들의 업무수

행이 빚어내는 갖가지 소음들에 의해 평가될 수 있습니다. 그런 소음들을 일컫는 데 사용되는 반문화적 언어가 있는데, 그것은 바로 "동요"입니다.

이와 같이 한 집단의 구성원들은 서로 업무를 수행하기 위한 방법에 관하여 다른 확신들을 갖고 있습니다. 그들은 전체적인 업무 수행의 방향과 목표에 있어서도 다들 제각각입니다. 비공식적 논의와 공식적 회의를 들여다보면 이와 같은 확신은 더더욱 명백해집니다. 여러분 역시 어쩌면 그러한 업무집단에 속하여 기능을 발휘하고 있는지 모릅니다. 여러분은 집단이 진행하고 있는 방법에 꼭 들어맞게 일을 할 수도 있고, 아니면 그와 정반대로 일을 해나갈 수도 있습니다. 여러분은 협상도 하고, 변화도 제안하고, 어떤 프로그램을 억지로 통과시키려 들기도 하고, 반대되는 의견들을 중재하고자 애쓰기도 합니다. 그리고 이러한 노력을 통해 스스로 만족을 얻거나, 아니면 지쳐 쓰러지게 됩니다.

그러던 어느 날, 아니면 여러 날에 걸쳐서, 여러분은 모든 활동에 대하여 절망감을 맛보게 됩니다. 여러분은 차츰 심각한 결정을 내리는 일에서 제외당하게 됩니다. 거기에서 결정된 사항들의 대부분은 여러분이 실행해야 할 일들이지만, 정작 여러분은 그것에 동참하지 못합니다. 여러분은 무시를 당하게 됩니다. 아무도 여러분을 배려해 주지 않습니다. 여러분이 하는 말이나 행동은 전혀 중요하게 여겨지지 않습니다. 마침내 여러분은 포기를 하고 맙니다. 여러분은 그 과정에 영향을 미치려고 노력하던 일을 그만두게 됩니다. 여러분은 침묵하게 됩니다.

이럴 경우 그 집단의 지도자에게 당면한 문제는, 그 사람이 여러분의 침묵에 귀기울일 줄 아느냐 모르느냐 하는 것입니다. 만일 그 지도자가 엄숙한 집회의 소음에만 너무도 열중한 나머지, 이전에는 자기표현이 명확했던 사람들의 갑작스런 침묵에 귀기울이지 못한다면 과연 무슨 일이 벌어질까요?

만일 여러분이 그런 지도자라면, 다른 문제들에 몰두한 나머지 사람들이 여러분에게 하는 말에도 귀를 기울이지 못하고, 또한 그들이 말하기를 그만두고 행동을 취하기 시작할 때 발생하는 침묵에도 귀를 기울이지 못하게 될 것입니다. 전에는 큰 소리로 불평해대던 사람들이 갑자기 여러분이나 다른 의사 결정자들에게 말하기를 멈추게 됩니다. 차츰 그들은 다른 불만족스런 사람들과 전화로 이야기하거나 휴식시간, 점심시간을 틈타서 이야기하게 됩니다. 여러분은 그런 사람들로부터 협상안을 받아들게 됩니다. 여러분은 마치 허를 찔린 듯한 느낌을 받게 됩니다. 그들이 하는 말은 너무도 올바른 것들이어서 여러분은 마음이 불편해집니다. 하지만 여러분 자신의 관심사, 여러분 자신의 이미지, 여러분 자신의 야망 ― 그것이 무엇이건간에 ― 에 대한 몰두를 다른 데로 돌릴 만큼 그것이 올바른 것은 결코 아닙니다.

자, 여기에서 두 번째 국면이 시작됩니다: 여러분은 휴식시간이나 점심시간에, 또는 복도에서 여러분을 비판하는 소리를 더 이상 듣지 못하게 됩니다. 여러분에게는 아무 소리도 들리지 않습니다. 그러면 여러분은 자기자신을 손상시켜 가면서 이러한 추측을 하게 됩니다. 곧 의견을 달리 하던 사람들이 모두 포기를 했거나, 아니면 처음부터 그리 대단치 상황은 아니었을 것이라고 말입니다. 마치 폭풍우가 지나간 것처럼 하루 이틀만에 모든 것이 잠잠해져 버렸으니 그럴 만도 하지요. 하지만 이 같은 추측은 치명적인 실수입니다! 실상은 이렇습니다. 그들은 이제부터 자기 손으로 직접 문제들을 결정짓겠노라고 작심한 것입니다.

또 하나의 가능성있는 반응은 의사소통의 단절 뒤에 따라오는 죽음과도 같은 침묵입니다. 집단 내에서 의견을 달리하던 사람들은 자기네들끼리 모여 그들만의 소집단을 구성할 수 있습니다. 예를 들어서, 정식으로 인가를 받은 교회임원회의 소집단모임들 — 분과 모임이나 상임위원회 같은 — 은 자기들 나름대로의 업무목적을 충족시킬 수 있습니다. 그들은 의견불일치로 인하여 예정된 진로를 벗어나게 됩니다. 혼란이 발생합니다. 그들은 혼돈으로부터 질서를 바로잡으려 애를 씁니다. 완전히 지쳐 버린 단계에서 그들은 절망을 느낀 나머지, 상담가들에게 도움을 청하게 됩니다. 가장 중요한 문제는 바로 이것입니다: 어떻게 하면 우리 지도자들과 다시금 관계를 맺을 수 있는가?

그 지도자는 — 절대로 무시해서는 안 될 침묵에 귀를 기울이지 않음으로써 — 부지불식간에 권력의 공백을 자아내고 말았습니다. 금방이라도 무슨 일이 터질 수 있습니다.

여러분 자신이 꿈꾸어 오던 이상의 침묵

여러분의 마음속에서는 갖가지 소음들이 들려 옵니다. 이 소음들의 대부분은 교제에 대한 갈망, 쉴 새 없는 야망, 경쟁적인 다툼들입니다. 여러분은 또한 결코 무시해서는 안 될 사적인 마음의 침묵도 지니고 있습니다. 여러분은 이상과 꿈과 야망, 그리고 오로지 여러분에게만 있는 어떤 운명적인 느낌들을 지니고 있습니다. 여러분은 고상한 인생관을 제공해 주는 이러한 동기부여의 원동력이 그르렁거리는 소리에 익숙해져 있을 수도 있습니다. 어쩌면 여러분은 이 같이 부르는 소리의 굽이치는 파동을 흥분한 맥박처럼 느끼고 있는 지도 모릅니다. 존 메이스필드는 이렇게 말했습니다:

> 난 다시금 바다 속으로 가라앉아야 한다.
> 흐르는 조수의 부름 소리는
> 거절할 수 없는 열광적이고도 또렷한 부름소리이기에.[5]

하지만, 그것은 거절할 수도 있는 게 아닐까요? 맞습니다. 거절할 수 있습니다. 여러분은 최상의 자아가 주장하는 것들, 자기내면의 확신이 지니는 타당성, 그리고 자기 삶에 대한 뚜렷한 헌신의 충동을 듣는 일에 익숙해져 있습니다. 하지만 이러한 확실성을 뒤흔들 만한 일들이 수없이 많이 발생합니다. 여러분은 환상에서 깨어나 냉소적인 사람이 될 수 있으며, 심할 경우에는 무감각한 사람이 되어 버릴 수도 있습니다. 이제 여러분의 이상은 입을 다물어 버립니다.

여러분은 아주 오래 전부터 자신의 본질적 부분인 최상의 자아 앞에서 경외감에 가득 차 있었습니다. 임마누엘 칸트는 이렇게 말했습니다: "두 가지 것이 새롭고도 점증적인 감탄과 경외로 마음을 채우고 있다. 점점 더 자주, 점점 더 견실하게 우리는 그 두 가지 것에 관하여 숙고하게 된다: *별들이 빛나는 저 위의 하늘, 그리고 우리 안의 도덕법에 관하여.*"[6] 그러나 여러분의 경우에는 그 경외감이 침묵을 지키고 있습니다. 여러분의 삶 속에서 그 같은 경외감으로 가득 찬 *핀란디아* 또는 *제9번 교향곡* 같은 감동스런 선율이 이제 더 이상 들리지 않게 된 것입니다. 그것들은 완전히 입을 다물어 버렸습니다. 현실이라는 총알이 그것들을 침묵시켜 버린 것이죠.

그럼 이 현실이란 건 과연 무엇이었을까요? 나 자신의 마음을 한 번 들여다보고, 여러분의 꿈과 야망과 소명을 침묵시켜 버린 몇 가

지 것들을 제시해 봅시다:

— 이상은 멋집니다. 하지만 여러분과 여러분의 자녀, 배우자는 그 이상만 먹고 살 수 없습니다. 어쨌건 여러분은 생계를 꾸려 나가야만 하는 것입니다.
— 여러분은 전쟁이 없는 세상을 꿈꿉니다. 하지만 적들에겐 총이 있고 여러분에게는 없습니다.
— 소명은 좋은 것이고 또 무척 필요한 것입니다. 하지만 교회정책이 워터게이트와 다른 점은 딱 한 가지 측면뿐입니다
— 워터게이트 사람들에겐 그들을 붙잡을 누군가가 있는 반면, 교회정책가들에게는 그럴 만한 사람이 아무도 없다는 것입니다.
— 여러분은 승진대상에 올랐습니다. 그런데 여러분은 그만 서비스와 제품품질, 그리고 공정한 고객대우라고 하는 자신의 이상을 이야기하는 "실수"를 저지르고 말았습니다. 물론 여러분은 환대를 받습니다. 여러분은 점점 늘어 가는 생계비용을 받습니다. 그러나 정작 여러분은 승진을 하지 못하며, 공로도 더 이상 못 세웁니다.
— 꿈은 위대합니다; 삶의 무한한 가능성에 대한 환상도 풍부합니다; 그러나 관료정치의 보이지 않는 커리큘럼은 학위나 증명서나 인가증 같은 것들을 받는 과정에서 복종에 보수를 주고, 창조성을 짓누르며, 평범함을 찬미합니다.

이러한 현실 속에서 여러분은 자신이 혐오하는 바로 그런 사람들을 닮아 가게 됩니다. 여러분은 자신의 이상과 야망과 꿈과 소명의 목소리를 잠재워 버립니다. 그것들을 느끼면서 살다가는 너무나도 큰 상처를 입게 되기 때문입니다. 고요하고도 슬픈 인간애의 음악이 주변에서 희미하게 들려옵니다. 그러나 여러분은 자신의 이상을

이미 죽여 버렸습니다. 여러분의 발걸음에 활기를 불어넣어 주던 음악은 이제 잠잠해져 버렸습니다. 현이 뜯어져 버렸습니다.

다른 비유 한 가지를 더 들어볼까요? 여러분의 동기부여라고 하는 엔진은 이제 잠잠해졌습니다. 그나마 활공할 수 있는 비행기에 타고 있다는 사실을 하나님께 감사드리십시오. 여러분은 활공하는 방법을 잘 알고 있습니다. 여러분은 그저 과거의 성취와, 저절로 생겨난 선임자의 특권과, 풍요로운 부가급부와, 지위에 따른 부수입을 타고서 미끄러져 가기만 하면 되는 것입니다. 여러분이 들을 수 있는 소리라곤 그저 여러분 주변에 휙 하고 부는 바람소리뿐입니다.

이 밖에도 여러분이 무시해서는 안 될 침묵 한 가지가 더 있습니다. 그것은 여러분을 새로운 과정 속으로 밀어 넣으며, 원래 여러분과 거리가 멀었던 일련의 습관들을 만들어 줍니다. 이제는 여러분의 이상을 실현하고자 하는 고상한 욕구가 아니라 생존 그 자체가 여러분의 최대관건이 되고 맙니다.

여러분의 상태가 바로 그런가요? 만일 여기에 속하지 않는다면, 여러분 자신의 목록을 한번 작성해 보십시오. 여러분을 포기하게 만드는 것들, 여러분의 최상의 욕구들을 침묵하게 만드는 것들, 그리고 그 과정 속에서 여러분의 통전성을 저당잡히게 만드는 것들을 한번 적어 보십시오.

아니, 차라리 여러분과 제가 앙투안 드 생텍쥐페리의 〈바람과 모래와 별들〉에 등장하는 비행사를 닮는 편이 더 좋겠군요. 이 글은 그가 공항에 있는 자기 비행기로 가는 길을 묘사한 것입니다. 그는 버스에 가득 탄 사람들과 함께 길을 가는데, 그 사람들은 질병과 돈과 국내의 관심사들과 하찮은 일들을 이야기하는 진부한 사무원들입니다. 그는 그 사람들을 관찰하면서 자기자신에 대해서도 성찰을 합니다:

늙은 관료, 나의 벗이여, 비난을 받아야 할 사람은 당신이 아닙니다. 아무도 당신이 도망칠 수 있도록 도와주지 않았으니까요. 당신은 마치 흰개미처럼 평화를 쌓았습니다. 빛이 스며들 수 있을 만한 틈새나 갈라진 틈들을 샅샅이 메움으로써 말입니다. 당신은 고상한 보호막 안에서, 일상생활 속에서, 시골생활의 갑갑한 풍습 속에서 자신을 공처럼 둥글게 말았습니다. 바람과 조류와 별에 맞서서 점잖은 성벽을 둘렀습니다. 당신은 커다란 문제들 때문에 마음을 어지럽히지 않는 쪽을 택했습니다. 실은 사람이라는 자신의 운명까지 망각할 정도로 문제가 아주 심각한데 말입니다.

당신은 궤도를 벗어난 유성에 살고 있는 사람이 아닙니다. 당신은 결코 대답이 있을 수 없는 문제들에 대해서 고민하지 않습니다. 당신은 툴루즈의 쩨쩨한 부르주아입니다. 아직 시간이 남아 있는 동안에는 그 누구도 당신 어깨를 붙들지 않습니다. 당신이 빚은 찰흙은 이제 말라서 딱딱해졌고, 당신 안의 무(無)는 어쩌면 처음에는 당신 안에 거주하고 있었을지도 모르는, 하지만 지금은 잠들어 버린 음악가·시인·천문학자를 절대로 깨우지 않습니다.

돌풍은 이제 더 이상 나의 불평거리가 되지 않습니다. 장인의 마술이 나에게 새 세상을 열어 주었습니다. 그 속에서 나는 두 시간 안에 검은 용들과 새파란 번개의 왕관 장식 달린 빗과 마주치게 될 것입니다. 그리고 밤이 내리면, 나는 인도를 받아 별들 아래서 내 길을 읽게 될 것입니다.[7]

침묵해 버린 여러분의 이상을 위해서 여러분이 할 수 있는 일은 무엇일까요? 어떻게 하면 다시 한번 "커다란 문제들 때문에 마음을 어지럽힐" 수 있을까요? 어떻게 하면 결코 대답이 있을 수 없는 문제들을 제기할 수 있는 용기를 한번 더 얻게 될까요? 저는 제 이상에 대고 "조용히 하라"는 신호를 보내고픈 유혹에 금방 빠져 버리는, 아주 단련이 잘된 베테랑입니다. 저는 그 동안 저자신에게 이런 질문을 던져 왔습니다: "네가 만일 그 유혹에 굴복하고 말았다면, 어떻게 해서 네 자신의 이상이 내는 목소리를 되찾을 — 아니면 너를 위해 되돌릴 — 수 있었을까?"

그러면 침묵과도 일맥상통하는 냉소주의에 관하여 한번 살펴볼까요? 제 막내아들도 말한 바 있듯이, 최고의 능률을 올렸는데도 그에 대한 보상이나 인정을 제대로 받지 못했을 경우에 생겨나는 것이 바로 냉소주의입니다.

여러분의 헌신과 그에 대한 인정이라고 하는 피드백 사이에 너무나도 큰 차이가 생깁니다. 여러분은 그만 낙심해 버리고 맙니다. 여러분은 활동을 그만두고 포기해 버리며, 냉소적이고 딱딱거리며 불평만 해대는 까다로운 사람이 되고 맙니다. 그 결과 인간적 동인의 미덕이나 인간 본성에 대한 희망까지도 부인하게 됩니다. 여러분을 기만하는 사람들과 일련의 만남을 갖게 된 결과, 여러분은 모든 사람들이 다 거짓말쟁이라고 하는 결론을 맺게 됩니다.

여러분은 견유학파라는 이름의 유래가 된 시리우스 — 그리스어로 키온 — 의 해를 자기 삶의 방식이 되게 합니다. 한 해가 여러분의 삶을 특징짓게 됩니다. 여러분은 이제 더 이상 모든 사람을 신뢰하지 않습니다. 여러분은 이제 더 이상 자신을 다른 사람에게 바치지도 않습니다. 여러분은 자기가 가지고 있던 것을 모두 직업에, 프로젝트에, 소송에 집어던져 버립니다.

이를 통해 여러분이 얻는 것은 무엇입니까? 하루하루 더 늙어 가고 점점 더 많은 빚을 지게 되는 것입니다. 그 결과 여러분은 자신의 이상을 그대로 보존하고 있을지는 몰라도, 더 이상 그것이 여러분의 행동지침이 되도록 내버려 두지는 않습니다. 그것은 이제 이상이라고 하는 여러분의 사적인 박물관에나 소장되어 있을 뿐입니다. 여러분은 스스로를 자기 안에 가둬둔 채, 거짓말쟁이들이 그 곳에 머물도록 합니다. 여러분은 과연 이러한 냉소주의자입니까?

아니면 여러분은 자신의 노력을 인정해 주고 그것에 대해 보상해 주는 사람들과 새로운 관계를 맺기 위해 노력했습니까? 만일 여러분이 해가 거듭될수록 안달복달하는 대신 그렇듯 새로운 관계를 맺기 위해 노력했다면, 그렇다면 이상의 현은 한번 더 진동하게 될 것입니다. 희망과 야망의 귀머거리 침묵 대신에 여러분은 음악을 지니게 될 것입니다. 비록 과거의 경험은 여러분을 좀더 전문적인 청취자로 만들어 주겠지만 말입니다!

자, 이제 다른 사람들이 여러분에게 매긴 평가를 그 동안 여러분이 어떻게 받아들여 왔는가에 대해서 한번 생각해 봅시다. 그들은 여러분을 방해하고, 거부하고, 속이고, 온갖 사악한 말들을 쏟아 부었습니다. 여기에서 중요한 문제는 여러분이 그들의 평가를 액면 그대로 받아들이느냐 마느냐, 그리고 여러분을 얕잡아보는 그 사람들에게 동의하느냐 안 하느냐 하는 것입니다.

만일 여러분이 그들의 평가를 액면대로 믿고 거기에 동의했다면, 이전에 여러분이 갖고 있었던 이상들은 이제 더 이상 그 반대를 외치지 못할 것이 틀림없습니다. 여러분을 거부하는 사람들에게 여러분 스스로 동의를 한 바로 그 순간, 이상들은 완벽하게 목소리를 잃어버린 것입니다. 만일 여러분이 이 같은 부정적 평가를 그대로 받아들인다면, 그것은 결국 그 이상들을 모조리 팔아치워 버리는 것과도 다름없습니다.

그러므로, 부디 편견을 지니지 않은 몇 사람에게 여러분에 대한 평가를 요청하는 데서 출발하십시오. 적어도 두 사람 이상은 되어야 합니다. 제 생각에 여러분은 외부로부터의 자문이 필요한 것 같습니다. 물론 저 역시도 그런 식의 외부자문을 정기적으로 받고 있습니다. 대학원시절 지도교수이셨던 게인스 도빈스께서도 제가 그러한 자문을 받기 위해 찾아갔던 사람들 가운데 한 분입니다.

저는 그분께 종종 이런 말씀을 드렸습니다: 제가 저 자신을 믿지 않을 때조차도 그분은 저를 믿어 주신다고. 하나님께서는 바로 그런 사람들을 통해 여러분에게 말씀하고 계실 수도 있답니다.

그 다음으로 중요한 단계는 자신에 대한 모든 평가를 하나님 앞에 펼쳐 놓는 것입니다. 그리고 이것은 여러분이 결코 무시해서는 안 될 또 하나의 침묵으로 다가옵니다.

하나님의 침묵과 기도의 무익함

여러분은 하나님과의 대화가 침묵 속에 잠겨 있다는 사실을 이미 알아차렸을 것입니다. 여러분은 어쩌면 욥과도 같은 상황에 빠져 있는지 모릅니다:

내가 살 날은 이미 다 지나갔다.
계획도 희망도 다 사라졌다. [욥기 17:11]

나를 궁지로 몰아넣으신 분이 하나님이시고,
나를 그물로 덮어씌우신 분도 하나님이시다.
"폭력이다!"하고 부르짖어도 듣는 이가 없다.
"살려 달라!"고 부르짖어도 귀를 기울이는 이가 없다. [욥기 19:6-7]

하나님의 침묵은 결코 무시해 버려서는 안 될 무시무시한 침묵입니다. 하나님의 침묵에 관한 여러분의 질문은 다시 한번 여러분을 욥과 흡사한 상태로 만듭니다. "보상이 없는"데 대한 여러분의 감정은 욥의 감정과도 일맥상통합니다:

> 전능하신 분이 누구이기에 그를 섬기며,
> 그에게 기도한다고 해서 무슨 도움이 되겠느냐고 한다. [욥기 21:15]

여러분이 지금 만일 이런 식으로 느끼고 있다면, 저 또한 욥의 상담자가 빠졌던 것과 똑같은 궁지에 몰려 있는 셈이군요:

> 그런데 어찌하여 너희는 빈말로만 위로하려 하느냐?
> 너희가 하는 말은 온통 거짓말뿐이다. [욥기 21:34]

여러분은 욥과 마찬가지로 갈등에 휩싸여 어찌할 바를 모르다가 하나님께 자문을 구하게 됩니다. 하나님께서도 이 사실을 알고 계십니다. 여러분은 하나님 앞에 홀로 서 있습니다. 프랜시스 톰슨처럼 여러분은 솔직하게 고백합니다: "인간의 사랑은 인간의 가치를 필요로 한다"고 말입니다.[8] 여러분은 자신의 내적 존재 속으로 깊숙이 뛰어들어간 뒤에도, 다음과 같은 톰슨의 말에 다시금 동감하게 됩니다:

> 인간을 하나님으로 포장하고 하나님 딱지를 붙여,
> 잔뜩 그들을 구원할 수 있는
> 지름길은 그 어디에도 없다.[9]

그런 다음, 여러분은 자기의 중심부가 자신이 아닌 새로운 것이라는 사실을 발견하게 됩니다 — 바로 하나님이라는 사실을. 여러분은 이제 무슨 일이 벌어졌는지를 깨닫기 시작합니다.

여러분은 자신의 이상과 야망과 희망이 한 줌의 재로 변하는 그 순간까지 그것들을 열렬히 추구했습니다. 하지만 그런 것들을 추구함에 있어서 여러분은, 결코 그럴 의도는 없었지만, 결과적으로 하나님으로부터 도망치는 꼴이 되고 말았습니다 — 물론 여러분은 자신이 여전히 하나님을 향하고 있다고 생각했겠지만. 해상에서의 계산적 실수가 결국 여러분을 은총 없는 가치 — 인간적 가치 — 에 대한 은총 없는 추구에 정착하도록 만들었습니다. 여러분은 승리에 집착한 나머지, 도중에 다른 사람을 패자로 만들면서까지, 오로지 자신의 목표와 야망과 희망만을 중요시했습니다. 이런 것들은 여러분이 "공적" 또는 "가치"라고 부르는 것일 수 있습니다.

인간적인 사랑은 모두 인간적인 가치를 필요로 합니다. 그러나 여러분은 인간의 사랑이 아닌 그 어떤 사랑과 조우를 하게 되었습니다. 여러분에 대한 하나님의 평가에 비추어 보면, 여러분이 하나님과 관계를 맺고 있고, 하나님이 여러분을 소중히 여기시며, 또한 그 하나님과 여러분이 교제를 나누고 있기 때문에 여러분은 가치가 있는 존재인 것입니다. 하나님은 여러분에게 부드러운 응답을 들려 주십니다: "모든 것이 네게서 피한다, 네가 내게서 피했듯이."[10]

한 랍비가 어느 폭력단에게 생명의 위협을 당하고 있었습니다. 그들은 랍비의 재산을 요구했습니다. 하지만 랍비는 그들의 요구에 굴복하지 않았습니다. 그의 아내는 싸울 태세를 갖추라고, 불에는 불로 맞서라고 부탁했습니다. 하지만 그는 거절했습니다. 그러자 아내는 — 자포자기한 상태에서 — 남편에게 겁쟁이라고 타박했습니다. 그 말은 커다란 상처가 되었습니다. 그는 오래도록 생각에 잠겨 있다가 마침내 말을 꺼냈습니다: "내가 두려운 것은 딱 두 가지라오 — 하나님을 노하시게 할만한 일을 저지르지나 않을까 두렵고, 내 아내인 당신의 존경심을 잃지나 않을까 두렵다오."

두려움은 여러분의 개인적 통전성이 미치지 않는 곳으로 여러분을 몰아냅니다. 여러분의 진로를 가르쳐주는 북극성은 바로 하나님과 이웃의 사랑입니다. 그리고 이 순서를 결코 뒤바꿔서는 안 됩니다. 그 순서를 뒤집는 것 — 이웃의 사랑에 우선적으로 의지하고 하나님의 사랑은 차선책으로 여기는 것 — 은 조만간 하나님의 침묵을 불러일으키게 될 180도 전도된 관계입니다.

모든 사물과 목적은 — 하나님의 왕국에 대한 추구는 별도로 하고 — 우리에게서 도망을 칩니다. 이런 것들을 우선적으로 추구하는 것은 현실로부터 달아나는 것과도 같습니다. 여러분은 자신이 이미 타고난 사람이 되기 위해서 주변 사람들의 인정을 추구할 필요가 없습니다 …… 그들이 여러분을 거절한다고 해서, 그들이 정말로 여러분을 거절할 것이라고 확신할 만한 어떤 짓을 저지를 필요도 없습니다. 여러분은 180도 방향을 틀어서, 그런 식으로 하나님과 하나님의 사랑으로부터 달아나는 일을 그만둘 수 있습니다.

새로운 관계가 싹트기 시작하면서, 여러분이 그 동안 하나님을 생각할 때마다 느꼈던 적대적인 침묵은 이제 차갑고 공허하고 위협적인 침묵이 아니라 온화하고 충만하고 확신에 찬 침묵으로 변하게 됩니다. "너는 혼자가 아니다. 내가 너와 함께 있다"라고 말씀하시는 침묵으로 말입니다. 하나님과의 교제가 여러분의 적대감을 대신하게 되고, 창조적인 고독이 여러분의 외로움을 없애 줍니다. 그런 다음, 여러분은 자신이 될 수 있는 온갖 존재가 될 수 있습니다 — 자의식의 자유로운 방법을 통해서 말이지요.

침묵의 부름에 대한 평온함의 응답

6

 여기까지 읽었는데, 벌써 침묵이 여러분을 불러 세우지는 않았는지요? 때로 여러분은 침묵을 찾아다닐 필요가 전혀 없을 수 있습니다. 침묵은 즐거움과 평화, 그리고 내적 용기와 함께 숨어서 여러분을 기다리고 있기 때문입니다. 또 어떨 땐 침묵이 선물처럼 여러분에게 다가올 수도 있습니다. 여러분은 침묵 가운데 돌봄을 전파하는 친구를 만나게 됩니다. 하나님은 여러분이 소음 없는 마음을 위해 기도드릴 때 그 응답으로 여러분에게 침묵을 주십니다.

여러분은 이렇게 기도할 수 있습니다: "주님, 제 내면의 인격 가운데 침묵을 부어 주소서. 그리하여 외면의 인격과 내면의 인격이 하나 되게 하소서." 아니면 이렇게 기도할 수도 있습니다: "결코 변하지 않을 것들은 그대로 받아들일 수 있는 평온함을 부어주소서. 변할 수 있는 사물들은 변화시킬 수 있는 용기를 주시고, 또한 그 두 가지를 구별해 낼 수 있는 지혜를 부어 주소서."

하지만 침묵은 침묵에로의 초대에 대한 평온함의 내적 응답으로서 다가오는 경우가 더 많습니다. 침묵의 실천은 여러분에게 생명을 위한 선택이 됩니다. 평온함이라는 여러분의 응답은 곧 윤리적 응답입니다: 여러분은 여러 종류의 평온함 가운데서 선택을 하게 되는 것입니다. 그리고 소음 없는 마음의 침묵이 바로 그 결과입니다.

여러분은 다양한 종류의 평온한 응답 가운데서 선택을 합니다. 평온해지기 위해서 여러분은 어떤 사물이나 사람을 신뢰하게 됩니다. 여러분은 이 사물, 이 주장, 또는 이 사람을 신뢰하는 데 필요한 훈련들을 실천합니다. 여러분은 여러 가지 평온함 가운데서 하나를 골라 자신의 마음을 짜맞춥니다. 여러 종류의 평온함을 열거한 목록 가운데서 여러분은 어떤 것을 선택할지 결정할 수 있습니다.

평온함의 응답 제1번: "난 해냈어!" 어쩌면 여러분은 정상에 오르는 그 순간 비로소 평온해지리라 생각하고 있는지도 모릅니다. 이것은 아주 역사가 긴 평온함(serenity)의 응답입니다. 옛 사람들은 황제를 일컬어 "폐하"(Your Serenity)라고 불렀고, 주교와 교황을 가리켜 "성하"(Your Serene Highness)라고 불렀습니다. 일찍이 위대한 산업개척자들은 미국인들 앞에 호레이쇼 앨저의 성공한 모습을 내걸었습니다. 그들은 정상에 오르기를 원하는 사람, 그리고 그것을 위해 노력하는 사람은 누구라도 정상에 오를 수 있다고 믿었습니다.

예수께서는 소유와 재산이 많은 한 남자에 관하여 다음과 같은 비유를 들어 말씀하십니다: 그는 혼자 말하였다. "영혼아, 여러 해 동안 쓸 많은 물건을 쌓아 두었으니, 너는 마음을 놓고 먹고 마시고 즐겨라"(누가복음 12:19). 그와 같은 평온함의 응답은 곧 평온함의 작용일 수 있습니다. 만일의 경우에 대비하여 비축을 해둔 사람이라면 삶이 마음속의 소음을 모두 벗어난 것처럼 밝아 보일 것입니다. 생의 전성기 동안, 그 사람의 평온함과 마음속의 소음을 잠재우기 위한 방법은, 도착점에 이르렀음을 알려 주는 확실한 증거가 될 만한 뭔가를 사들이는 것입니다. 따라서 이 사람은 인간의 운명에 있어서 보통 사람들의 소란스런 마음과는 딴판입니다.

우리들 가운데에는 다른 사람들의 삶을 장악하는 것이 곧 최고의 선이며 평온함의 출처라고 생각하는 사람이 있습니다. "넌 해냈어!"라고 하는 평온함의 응답은 먼 미래의 삶의 목표에 의존합니다. 여러분은 온갖 단조롭고 고된 일들을 참아 내면서, 그렇게 하면 먼 미래에 반드시 보상을 받게 될 것이라고 믿고 있습니다. 여러분은 자신이 마음에 담고 있는 목표점에 다다른 그 순간, 비로소 평온함을 누리게 됩니다. 여러분은 자신이 쉽사리 그 목표점에 다다를 수 있기를 바랍니다. 여러분은 모으고, 저장하고, 비축합니다. 혹여 힘겨운 날이 온다 해도 여러분은 먹고 마시고 즐길 수 있습니다. 하지만 과연 성공하는 것, 도착점에 이르는 것 — 이것이 여러분에게 평온함을 가져다 줄 수 있을까요? 여러분은 지금 이런 것에 마음을 두고 있나요?

평온함의 응답 제2번: "난 할 수 있어." 이것은 자부심의 응답, 개인적 능력의 응답입니다. 여러분은 그것이 복잡한 축복이라는 사실을 알 수 있을 것입니다. 삶의 첫단계에서 이 응답은 여러분의 마음을 갉아먹는 성가신 걱정근심을 통과하는 유일한 길입니다. 여러분은 무력한 상태로 이 세상에 태어났습니다. 여러분은 누군가가 먹여 줘야 하고, 씻겨 줘야 하고, 옷을 입혀 줘야 하고, 또 걸음마를 가르쳐 줘야 했습니다. 청소년기를 거치면서 여러분은 갈등과 고투를 겪었습니다. 여러분에게는 돈이 한 푼도 없었고, 여러분에게 일거리를 주거나 가르침을 주고자 하는 사람도 전혀 없었습니다. 심지어는 여러분의 부모님까지도 굳이 여러분에게 일할 방도를 가르치고자 하는 의욕이 전혀 없는 것처럼 보였습니다.

여러분은 이런 종류의 의존에 익숙해진 나머지, 결국 평온함을 누릴 수 있는 가장 좋은 기회는 여러분을 후원해 줄 누군가로부터 얻어지는 것이라는 결론을 내리게 되었을지도 모릅니다. 여러분이 여자이든 남자이든간에, 이것은 위험천만한 평온함의 추구입니다. 자부심은 결코 삶에서 떼어낼 수 없는 것입니다. 자부심은 우리가 추구하고 성취해야 할 삶의 생물학적 목표들 가운데 하나인 것입니다.

그렇지만, 유능한 사람이 되는 과정 속에서 여러분은 생애 초기의 과도기적인 생물학적 목표가 아닌, 자부심을 삶의 방식으로 만들어 주는 습관체계를 발달시킬 수 있습니다. 여러분은 유능해진다는 의미에서 자부심을 강력히 주장할 수 있습니다. 여러분은 열등한 생활방식일랑 실행에 옮기지 않는 쪽을 선택합니다. 여러분은 기술을 연마하여 유능해지고, 그로 인해 광범위한 평온함을 얻게 됩니다. 이런 식으로 유능해지지 않았더라면 결코 누릴 수 없었을 평온함을 말입니다.

사실, 여러분이 만일 전문직에 종사하는 사람이라면, 다른 사람들이나 또는 자기 자신이 무능한 방식으로 일을 처리하는 광경을 목격하게 될 때 마음속에 소음이 생겨날 것입니다. 그것은 여러분을 괴롭힙니다. 여러분은 변변치 않은 일, 소홀한 일만은 결코 그대로 지나치지 못합니다. 여러분은 주로 능력에 따라 사람을 평가합니다. 여러분의 경우, 평온함은 하나의 일을 끝마쳤을 때, 그것도 아주 잘 해 냈을 때에만 찾아옵니다. 그 일이 즐겁고 유쾌한 일이었는가 아닌가 하는 것은 아무런 상관도 없습니다.

두 가지 이상의 능력을 지니는 것은 여러분에게 자유로운 느낌, 평온한 느낌을 동시에 가져다 줍니다. 여러분은 두 가지 이상의 일을 열심히 잘해 낼 수 있습니다. 여러분은 지략이 풍부한 사람입니다. 여러분은 자신의 풍부한 지략 한가운데서 평온함을 느낍니다. 여러분은 얼마든지 해낼 수 있습니다.

하지만 그렇게 풍부한 지략이 여러분의 심오한 외로움의 중심이 될 수는 없습니다. 여러분은 혼자서 만족하라고 지어진 게 아니라, 다른 사람들과, 그리고 하나님과 교제를 나누라고 지음받은 존재입니다. 여러분은 자신의 마음속에서 들려오는 섬뜩하고도 기괴한 소음을 듣습니다. 이 소음은 차라리 곰팡이와도 같습니다: 여러분의 자부심을 멈추게 만들고 차단시켜 버리기 때문입니다. 여러분은 윌리엄 어니스트 헨리처럼 생각하고 느끼게 될 수 있습니다:

주변환경의 잔인한 발톱 아래에서,

나는 움츠러들지도, 큰 소리로 울부짖지도 않았다:

기회의 위협 아래에서도

내 머리는 피투성이가 될지언정 결코 굽히지 않는다.[1]

이처럼 "난 할 수 있어!"라는 마음자세가 과연 평온함의 출처, 곧 여러분의 마음속 소음을 잠재워 주는 것일 수 있을까요?

평온함의 응답 제3번: "냉정하게 사는 게 가장 잘 사는 거야." 인간은 본질상 따뜻한 피를 지닌 동물입니다. 하지만 수많은 사람들의 삶을 관리하는 평온함의 이미지 가운데 하나는 자기자신을 강하고, 조용하고, 감정이 없는 ─ 모든 일을 차가운 피로써 냉정하게 처리할 수 있는 ─ 사람으로 간주하는 이미지입니다. 여러분이 하는 일들 가운데 대부분이 개인적 감정의 동맥지혈겸자를 필요로 합니다.

만일 여러분이 삼백 명의 승객을 실어 나르는 비행기조종사라면, 폭풍우 속에서도 결코 절망에 빠져 손을 비벼 짜서는 안 될 것입니다. 만일 여러분이 외과의사라면, 피를 보고서 창백해지는 일이 있어서는 결코 안 될 것입니다. 만일 여러분이 고층빌딩을 짓는 건축가라면, 높은 곳에 올라가도 절대 두려워해서는 안 될 것입니다. 만일 여러분이 대중연설가로서 생계를 이어 가고 있다면, 무대 공포증 같은 것은 마음 속 제일 깊은 구석으로 밀어 넣어 버려야 할 것입니다. 여러분은 이 많은 일들을 아무런 감정도 없이, 다소 냉정한 태도로 수행하게 됩니다.

물론 여러분이 언제나 비행기를 조종하거나, 수술을 집도하거나, 고층빌딩을 짓거나, 대중 앞에서 연설을 하는 것은 아닙니다. 그럼에도 불구하고, 여러분은 평생토록 따뜻한 피가 여러분의 심장을 통해 흐르는 소음과, 모순적인 감정들의 잡담소리와, 여러분에게 많은 의미를 지니고 있는 누군가에게서 버림받는 데 대한 날카로운 항변을 아무런 감정도 없이 침묵시켜 버리는 쪽을 선택할 수도 있습니다. 만일 이것이 침묵에로의 초대에 응답하기 위한 여러분 나름대로의 평온함의 방식이라면 부디 다시 한번 생각해 보십시오. 여러분은 지금 혹시라도 자신이 진정으로 좋아하지 않는 것, 좋아할 수 없는 것을 서로 나누고 있지는 않나요?

평온함의 응답 제4번: "난 착실하게 살아왔어." 여러분의 마음이 서로 연결되지 않은 여러 조각들로 이루어져 있다고 한번 생각해 보십시오. 여러분의 삶이 서로를 전혀 인정해 주지 않고, 함께 하고픈 욕구가 전혀 없으며, 언제나 서로를 색다르게만 쳐다보는, 분단된 종족의 집단생활이라고 한번 생각해 보십시오. 여러분의 마음이 일련의 경쟁적 욕구로 이루어져 있으며, 그 욕구들은 각각 전적인 만족을 원하고 있다 — 다른 욕구들이 굶주려 부르짖고 있는데도 — 고 한번 생각해 보십시오. 정말로 이중적인 외침이 아닐 수 없습니다! 그야말로 스테레오 외침소리입니다. 여러분은 자신의 생각에 거의 귀를 기울이지 못합니다.

어떤 식으로 말해야 여러분의 가슴에 가장 잘 와 닿을까요? 이번에는 그 조각들이 하나의 완성된 그림으로 잘 맞추어졌다고 한번 가정해 보십시오. 그 종족들도 한자리에 모여 앉아 평화를 이룩했다고 가정해 보십시오. 경쟁적인 욕구들도 갑자기 서로를 존중할 수 있게 되었고, 불만족스럽기는 하지만 부분적인 만족을 받아들일 수 있게 되었으며, 다른 욕구들과 서로 나눌 줄 알게 되었다고 가정해 보십시오.

이제는 그 어떤 욕구도 혼자서 무대를 독차지하지 않습니다. 여러분은 자신의 삶을 함께 누릴 줄 알게 되었습니다. 이 조각들, 종족들, 그리고 욕구들은 여러분 안에서 하나의 자원이 되었습니다. 여러분은 지나치게 걱정하거나, 두려워하거나, 갈등하지 않고서도 얼마든지 그것들을 끌어다가 주변세계의 요구들을 충족시키는 데 사용할 수 있습니다. 여러분은 차분하고 평온한 삶, 자기자신을 믿고 다른 사람을 믿고 하나님을 믿는 평온한 삶에 다가서게 됩니다.

이것은 곧 확신이며, 평화로운 느낌이고, 결국에는 용기와 일맥상통하는 것입니다. 여러분은 성공에 집착하지 않습니다; 여러분은 살다 보면 자신이 해낼 수 없는 일도 만날 수 있다는 사실을 잘 압니다; 그리고 여러분은 다른 사람들을 돌보는 가운데서 가장 심오한 만족을 찾게 됩니다. 여러분은 같이 나눕니다. 이것이야말로 제가 여러분을 침묵에로 초대한 데 대한 평온함의 응답입니다.

침묵에로의 부름에 대한 그리스도교적인 평온함의 응답은 아주 개인적인 침착함입니다. 사도 바울은 다음과 같이 말했습니다: "나는 어떤 처지에서도 스스로 만족하는 법을 배웠습니다. 나는 비천하게 살 줄도 알고, 풍족하게 살 줄도 압니다. 배부르거나 굶주리거나, 풍족하거나 궁핍하거나, 그 어떤 경우에도 적응할 수 있는 비결을 배웠습니다. 나에게 능력을 주시는 분[그리스도] 안에서, 나는 모든 것을 할 수 있습니다"(빌립보서 4:11-13). 그는 모든 것을 할 수 있었습니다. 하지만 그는 자신의 힘이 전적으로 자기에게서 비롯되는 것은 아니라고 생각했습니다. 그는 자기 안에 내재해 계시는 그리스도의 현존능력을 발견했습니다.

그렇기 때문에 그는 이렇게 말할 수 있었습니다: "나는 그리스도와 함께 십자가에 못 박혔습니다. 이제 사는 것은 내가 아닙니다. 그리스도께서 내 안에서 사시는 것입니다 …"(갈라디아서 2:20). 사도 바울 안에 들어 있는 자원은 혼자만의 자원이 아니었습니다; 그것들은 그리스도와의 내적 교제를 통해 공유하고 있는 자원이었습니다. 그리스도 안에서 여러분은 인간으로서, 다른 사람의 시종일관된 친구로서, 그리고 그리스도와의 친교 속에서 한데 어우러져 있습니다.

그러나 여러분은 이렇게 말할지도 모릅니다: "아까는 나름대로 독특한 평온함의 응답을 선택할 수 있다고 지적했잖아요? 당신이 충고한 대로 하나하나 제거해 나감으로써 독특한 평온함의 응답에 도착했어요. 그런데 이제 와서 큰 소리로 울부짖는다고 무슨 소용이 있겠어요? 좀 현실적으로 생각해 보시라구요! 어떻게 하면 내가 마음의 침묵을 실천할 수 있나요? 침묵의 실천을 위한 내적 임무에 관해서 한번 말씀해 보시죠."

사실, 침묵의 실제에 관하여 아직 얘기하지 못한 것들이 몇 가지 있기는 합니다. 우리가 이미 지나친 땅을 백미러로 한번 흘끗 보면 침묵의 실제에 관하여 이미 제시한 바 있는 것들을 순간적으로 포착할 수 있을 것입니다. 이것들의 목록을 질문 형태로 한번 작성해 보면 어떨까요? 이것은 여러분이 스스로를 점검해 볼 수 있는 목록이며, 동시에 이미 논의한 바 있는 내용들을 요약해 놓은 목록이기도 합니다. 여기에 침묵의 실제에 관한 몇 가지 부가적인 설명을 덧붙일 수도 있겠죠.

침묵 실천 테스트

1. 일상생활의 평범한 일과 가운데 여러분이 가장 고요하게 침묵을 경험할 수 있는 시간과 장소는 언제 어디입니까?

2. 여러분의 삶 속에서 가장 많은 소란과 혼동과 스트레스를 가져 다주는 이는 누구입니까? 이런 상황을 변화시키기 위하여 여러분이 한 일은 무엇입니까? 여러분은 침묵보다 소란을 더 좋아하는 편입니까?
3. 하루 일과를 좀더 고요하고 스트레스 없는 방식으로 성취하기 위하여 여러분은 무슨 선택을 하였습니까? 여러분의 감각을 지나치게 자극하는 것들을 하루 일과에서 덜어내기 위해 선택한 것은 무엇입니까?
4. 직장 내에서 침묵을 누릴 수 있는 장소를 열거해 보십시오.
5. 가장 최근에 무언의 언어를 사용한 경험이 있습니까?
6. 최초와 최후의 발언을 해야 할 필요성이 어떤 식으로 변했습니까?
7. 직장의 단체생활 속에서 계속되고 있는 재잘거림은 어떤 종류의 것입니까? 여러분 자신과 다른 사람들을 위해 소음의 정도를 낮춰 보려는 노력은 어떤 식으로 하였나요?
8. 청각뿐만 아니라 나머지 네 감각 — 시각 · 촉각 · 미각 · 후각 — 까지 사용하여 듣는 실험을 해보았습니까?
9. 텔레비전이나 라디오, 스테레오 중독에서 벗어나기 위해 어떤 과정을 밟았습니까?
10. 친구나 가족들에게 여러분은 문제를 보고합니까, 아니면 개작하여 말합니까?
11. 이미 정리한 과거와 어떤 식으로든 다시 관계를 맺었습니까?
12. 여러분 자신이 다른 사람을 깔보고 있다는 것을 깨달았다거나, 아니면 전보다 남을 덜 깔본다는 사실을 깨달았습니까? 아니면 이도 저도 깨달은 바가 없습니까?
13. 여러분 스스로가 피곤에 지치거나, 전망을 잃어버리거나, 판단력이 흐려지거나, 또는 혼란에 빠진 적이 있습니까? 그 즉시 여

러분 자신을 위해 침묵의 시간을 마련하였습니까?
14. 군중으로부터 멀리 떨어져 나와, 심각한 문제들에 관하여 여러분의 사적인 사고와 견해를 형성할 수 있는 권리를 행사하고, 또 그것을 통해 침묵을 추구하고자 하는데, 이에 대한 도전으로서 외로움을 느껴본 적이 있습니까?
15. 나만의 자유와 고독을 누릴 수 있을 만한 특별한 시간과 장소, 의식을 만들기 위해 여러분이 택한 창조적인 방법은 무엇입니까?
16. 여러분은 침묵을 경험하기 위해 시끄러운 자신의 지나친 연루로부터 떨어져 있거나, 물러서거나, 방향을 바꾸거나, 탈출해 본 적이 있습니까?
17. 여러분은 스스로를 덜 싫어하게 되었습니까? 자기자신을 좀더 존중하게 되었습니까? 그 이유는요?
18. 여러분은 가족구성원들의 침묵에 귀기울이기 위해 자신을 조절한 적이 있습니까?
19. 직장동료들 가운데 원래는 말이 아주 많았었는데 요즘은 전혀 말을 하지 않는 사람이 있습니까? 어떤 일이 그러한 변화를 불러일으켰습니까?
20. 여러분의 친구들 가운데 아주 잠깐 동안 무슨 말을 했는데 뚜렷한 이유도 없이 상대방에게 무시를 당하는 사람이 있습니까?
21. 여러분은 자신의 이상에 닿을 수가 없어 냉소주의에 직면한 적이 있습니까?
22. 여러분은 어떤 개인적인 방법을 통해서 침묵 가운데 임하시는 하나님의 현존을 인식하고 있습니까?

침묵의 실제는 좀더 심오한 내용으로 확산될 수도 있습니다. 특별 훈련을 통해서 여러분은 자신에게 거저 주어진 침묵의 은사를 즐기고, 양육하고, 맛볼 수 있습니다. 여러분은 아무런 대가도 지불할 필요가 없습니다. 그저 관심만 쏟아 주면 되는 것입니다.

신체의 지혜와 보조 맞추기

리처드 캐벗은 보스턴의 매사추세츠 종합병원에서 오랜 기간 동안 의료과장으로 있었습니다. 그는 학생들과 얘기를 나누는 자리에서 다음과 같은 말을 하곤 했습니다: "몸은 마음보다 더 많은 감각을 지니고 있습니다." 사실 몸은 굉장히 신비하게 만들어져 있습니다. 몸의 창조 뒤에 담겨져 있는 사상은 매우 고매합니다. 우리는 창조주의 이 같은 사상에 도달할 수 있습니다. 여러분의 몸이 수행하고 있는 가장 간단한 기능들에 관심을 기울일 때 여러분은 침묵의 세계 속으로 들어가게 됩니다. 여러분은 마치 자신의 존재 깊숙한 곳으로 스쿠버 다이빙을 하는 것처럼 느껴질 것입니다.

자기 호흡에 관심 갖기. 하나님께서는 여러분에게 생명의 호흡을 불어넣어 주셨으며, 이로써 여러분은 하나의 생명체가 되었습니다. 하지만 이 호흡이라는 은사는 주목을 받지 못하고 있으며, 인정도 관심도 받지 못하고 있습니다. 그것에 관심을 기울여 보십시오.

여러분이 공기를 들이마시고 내쉬는 경이로운 통로를 마음속에 생생히 그려 보십시오. 여러분의 귀에서 비관으로 통하는 그 조그만 유스타키오관, 콧구멍을 한번 생각해 보십시오. 코를 붙잡고 그 관속으로 부드럽게 공기를 불어넣어 보십시오. 그리고 나선 폐 속으로 깊이 숨을 들이마셔 보십시오. 공기를 조종하고 있는 내부구조, 폐의 모양을 한번 상상해 보십시오.

폐는 산소를 들이마시고 이산화탄소를 내뱉습니다. 그렇게 해서 여러분은 그 이산화탄소를 필요로 하는 주변의 식물들을 먹여 살립니다. 그리고 그 식물들은 여러분의 생존에 반드시 필요한 산소를 내뱉습니다. 무슨 근심거리가 있을 때, 여러분의 마음이 투쟁과 불화라는 소음으로 가득 차 있을 때, 여러분의 호흡 역시 그 사실을 눈치채고 있다는 점을 놓치지 마십시오. 그럴 경우, 여러분의 호흡은 좀더 짧고 갑갑해지며, 산소도 점점 더 줄어듭니다. 그러다가 여러분이 일부러 숨을 깊게 들이마시면, 몸도 편안해지고 뇌도 더 많은 산소를 섭취하게 됩니다. 여러분의 내부가 좀더 고요해집니다.

자기 근육에 관심 갖기 — 수의근과 불수의근 모두. 여러분 마음 속의 소음들 가운데 하나는 여러분의 몸이 느끼고 있는 갖가지 고통들의 의미에 대한 염려일 수 있습니다. 물론 고통은 의사를 찾아갈 필요가 있다는 사실을 알려 주는 신호입니다. 손수 자기자신을 치료하는 사람은 어리석은 환자입니다. 의사는 여러분에게 아무 문제도 없다고 말할지도 모릅니다.

그 결과, 여러분은 고통이 순전히 자기생각뿐이라는 결론을 내릴 수도 있습니다. 의사의 말은 그저 여러분에게 아무런 전염병도 없으며, 인대도 늘어나지 않았고, 어떤 종양이나 감염증세도 없다는 얘기입니다. 그런데도 여러분은 아무런 증상도 없는 고통을 느낄 수 있습니다. 그리고 이러한 고통은 근육이 너무 늘어났다거나, 긴장했다거나, 아니면 경련을 일으켜서 생겨난 것일 수 있습니다.

물리의학 전문가가 처방을 내린 물리치료를 위한 효과적 프로그램은 여러분으로 하여금 자신의 근육에 꼼꼼한 관심을 기울여야 한다는 사실을 깨닫게 해줄 수 있습니다. 여러분은 자신의 근육을 조절하기 위한 개인적 훈련을 통해서 고통을 잠재울 수가 있습니다.

여러분에게는 두 가지 종류의 근육이 있습니다 — 바로 수의근과 불수의근이죠. 불수의근은 여러분에게 관심을 그리 많이 기울이지 않습니다. 여러분은 긴장완화 훈련을 쌓고, 좀더 차분한 생활방식을 추구하고, 사소한 일들은 신경 쓰지 않고 내버려둠으로써, 불수의근을 간접적으로 통제할 수 있습니다. 여러분은 앞에서 얘기한 것 같은 심호흡 훈련을 통해서 이 근육들에 영향을 미칠 수 있습니다. 모든 관심을 이 신체영역에 집중시키고 긴장완화에 관하여 생각할 때에 여러분은 이 신체영역을 가장 편안하게 만들어 줄 수 있습니다. 그러면 어떻게 그럴 수 있을까요?

눈감고 망막에 관심 갖기. 우리들 가운데 대부분은 흑백 세상에서 살고 있습니다. 어쩌면 여러분 역시 그런 사람들 축에 낄 수 있습니다. 여러분은 멋진 색깔의 세계를 놓쳐 버리고 있습니다. 긴장완화의 방법 한 가지는 바로 이 색깔들에 관심을 기울이는 것입니다.

자, 두 눈을 감으십시오. 여러분은 지금 즉석사진현상소에 들어와 있습니다. 검은색과 흰색, 그리고 수많은 색깔들이 아무런 대가도 없이 여러분 앞에 끝없이 펼쳐져 있습니다. 물론 여러분은 관심이라는 대가를 지불합니다. 이것만이 유일한 대가입니다. 여러분은 그 대가를 지불할 수 있는 능력이 충분합니다.

자, 그럼 이번에는 감았던 눈을 뜨고, 색깔이 입혀져 있는 벽이나 부츠나 사진이나 그 밖의 사물들을 눈의 초점을 잘 맞춰서 지그시 바라보십시오. 그런 다음에는 다시 한번 눈을 감고 여러분의 망막 속에서 변화하는 색깔들을 지켜보십시오. 빨간색은 푸른빛을 띠게 되고; 파란색은 노란색으로 변하며; 초록색은 노란빛을 띠게 되고; 노란색은 청록색으로 변해 갑니다. 놀라운 사실은 원래의 색깔이 변하여 만들어진 빛깔이 열 배는 더 아름답다고 하는 것입니다.

눈이 침묵하는 가운데 여러분은 해가 질 때의 색깔, 가을을 맞아 변해 가는 나뭇잎의 색깔을 볼 수 있습니다. 그러고 있는 동안, 여러분의 신체에서는 긴장된 근육들이 서서히 풀어지기 시작합니다.

여러분은 좀더 깊이 숨을 들이마시게 됩니다. 여러분은 신체적 과정의 침묵을 발견합니다. 그리고 이러한 침묵을 만들어 낸 위대한 손이, 경련이 일고 고통의 원인이 되는 근육들을 느슨하게 이완시켜 줍니다. 그것들은 아무런 말도 하지 않습니다. 그저 놓아 줄 뿐입니다.

불면의 시간들을 새롭게 들여다보기. 한밤중이나 이른 새벽 시간, 또는 막 잠자리에 든 시간, 여러분은 잠을 이룰 수 없다거나, 다시 잠을 청할 수 없다거나, 또는 아예 뜬눈으로 밤을 지새게 될 때가 있습니다. 여러분은 좀처럼 쉴 수가 없습니다. 여러분의 시끄러운 마음이 계속해서 이렇게 속삭입니다: "이제 잠 좀 자야지. 내일 또 일해야 하잖아. 선 채로 잠들면 어쩌려고 그래?" 그러면 여러분은 더더욱 기를 쓰면서 잠을 청합니다. 그러나 잠은 오지 않습니다.

이럴 땐 도대체 어떻게 해야 할까요? 싸움을 그만두십시오. 그것이 바로 여러분이 해야 할 일입니다. 여러분은 뒤늦게 침묵의 시간을 가지게 된 셈입니다. 그 시간을 마음껏 이용하십시오. 하지만 부디 일어나서 라디오를 튼다거나 늦고, 늦고, 늦은 밤의 텔레비전 쇼를 보는 일일랑은 하지 마십시오. 그저 조용히 누워서 쉬기만 하면 됩니다. 자신에게 잠을 청하는 걸 그만 두고 그저 휴식을 취해 보십시오.

어쩌면 여러분은 아주 중대한 문제나, 그저 그런 문제나, 또는 아주 사소한 문제들을 결정짓기 위해 투쟁을 하고 있을지도 모릅니다. 도대체 무엇이 문제입니까? 문제를 정확히 규정하십시오. 지금 꼭 결정을 내려야만 할 문제들이 많이 있습니까? 만일 그렇다면, 앞으로 어떻게 할 것인지 결정하십시오. 하지만 만일 그렇지 않다면, 그 사실들을 어떻게 받아들일 것인지 결정하십시오. 이제 그만 결정을 미루고 휴식을 취하십시오. 그러면 훨씬 더 편하게 쉴 수 있을 것입니다.

분명 여러분의 기억이 모조리 다 나쁜 것만은 아닐 겁니다. 여러분 마음속에 있는 멋진 컴퓨터로부터 검색해 낼 수 있는 온갖 기억들 가운데 가장 즐거웠던 것을 한번 떠올려 보십시오. 그 기억들의 유쾌함을 한껏 즐기십시오. 다음 번에도 여러분에게 나쁜 기억으로 남게 될 만한 어떤 말이나 행동을 하게 될 경우에는 다시금 이 기억을 떠올리십시오. 여러분의 기억 속에 그런 나쁜 것들을 남기고 싶지는 않을 겁니다.

기억은 여러분의 시끄러운 마음에 가장 큰 공헌을 하는 요소들 가운데 하나입니다. 그러니 조용히 떠올라서 여러분에게 휴식과 아름다움과 즐거움을 선사할 수 있는 그런 기억들을 상기해 보십시오. 여러분의 마음을 기쁨으로 가득 채워 줄 강물이 여러 가지 있습니다. 기억의 흐름도 바로 그런 강물들 가운데 하나입니다.

꿈이라고 해서 모두 무시무시하지는 않습니다. 죽은 사람들에 관한 꿈, 우리가 슬퍼했던 사람들에 관한 꿈도 그들의 죽음이라고 하는 거친 현실로부터 한 발 물러서서 기쁨을 맛보게 해줄 수 있습니다. 그러므로, 고인들에 관해 꾼 적이 있는 즐거운 꿈들로 인한 행복을 결코 부인하지 마십시오. 여러분의 꿈은 사랑하는 고인들에 관하여 여러분이 지니고 있는 즐거웠던 순간과 웃음에 관한 기억들, 또는 부정적인 감정들까지도 모두 다 여러분의 친구들에게 털어 놓으라고 가르쳐 주는 신호일 수 있습니다.

하지만 그런 이야기에 귀기울여 줄 만한 친구를 찾는다는 것은 그리 쉬운 일이 아닙니다. 사실 여러분이라 하더라도 그런 일은 마다할 테니까요. 그럼에도 불구하고, 그런 친구는 반드시 존재하게 되어 있습니다. 계속해서 그런 친구를 찾아 보십시오. 결국 여러분은 한밤중에 누운 채로 깨어있을 때 이런 생각들을 즐길 수 있을 것입니다.

모든 꿈들이 다 나쁜 것은 아닙니다. 꿈들 가운데는 시끄러운 세상이라는 사막 한가운데 오아시스와도 같은 꿈도 많이 있습니다. 그 꿈들을 즐기십시오. 그 꿈들을 가득 들이키십시오. 그렇게 하면 훨씬 더 편안해질 것입니다.

제 경우에도, 커다란 의미가 담긴 꿈을 꾼 적이 있습니다. 제가 어렸을 적에 어머니는 하루의 대부분을 공장에 나가 일하셨기 때문에, 할머니는 저에게 있어 제2의 어머니와도 같은 분이셨습니다. 할머니는 저에게 많은 것들을 가르쳐 주셨는데, 책을 읽는 방법, 단어를 사랑하는 방법, 그리고 그것을 올바르게 발음하고 쓰는 방법도 모두 할머니가 가르쳐 주셨습니다. 할머니는 저에게 무조건적인 사랑과 인정을 부어 주셨습니다.

그러던 할머니께서 제가 스무 살 되던 해에 돌아가셨습니다. 저희 집은 정말로 돈이 없었습니다. 그래서 할머니 장례예식 때 든 비용을 지불하는 데에도 아주 오랜 시간이 걸렸습니다. 장례예식은 무척 간소하게 치러졌습니다. 우리는 장례예식에 참석하신 친지들에게 대접할 음식도 없었습니다. 친지들이나 이웃들 가운데 음식을 들고 온 사람은 아무도 없었습니다. 하는 수 없이 형님이 빚을 얻어야만 했습니다. 그 당시 제가 형님께 전혀 고마움을 느끼지 못했다는 사실이 아직도 제 마음을 아프게 합니다.

그로부터 거의 삼십 년이 지난 어느 날, 할머니께서 돌아가셨는데 제가 장례비용으로 만오천 달러를 내놓는 꿈을 꾸게 되었습니다. 저는 할머니의 생애를 기념하기 위해 모인 사람들 모두에게 음식과 음료를 대접하고, 밤새 즐겁고 풍요로운 잔치를 벌였습니다! 그 꿈이 보여 준 기적은 할머니께서 돌아가신 동시에 살아 계셨다고 하는 것입니다. 할머니는 그 장례예식의 당사자이셨으며; 동시에 장례예식에 참석하여 그 잔치를 즐기시기도 했습니다!

저는 행복이 가득한 따스한 느낌 가운데 꿈에서 깨어났습니다. 지금도 그 꿈을 떠올리기만 하면, 할머니와 그 꿈에 대한 감사가 넘칩니다. 물론 현실에서는 만오천 달러 어치의 장례예식을 치를 만한 상황이 전혀 못됩니다. 하지만 저는 현실을 제치고 의심의 여지가 없는 상황에서 할머니와 저자신에게 제가 정말로 그분을 사랑했다고 말할 수 있게 해준 그 꿈을 얼마든지 즐길 수 있습니다.

하나님을 향한 자세 재평가

하나님을 향한 자세는 우리 삶을 다른 영역으로 옮겨 줍니다. 열아홉 살이 되던 해까지 저는 제도적인 그리스도인과는 거리가 멀었습니다. 저는 특별히 종교적인 집안에서 자라나지도 않았습니다. 비록 누님은 이런 측면에서 저에게 아주 적극적인 모범이 되어 주었지만 말입니다. 우리 가족은 교회에 다니는 사람들 축에는 끼지 않았지만, 그래도 어머니와 할머니께서는 하나님을 경외하는 사람들이었습니다. 하나님은 우리에게 너무나도 실제적인 분이셨기에, 우리는 하나님에 관하여 많은 말을 하지 않았습니다.

하나님을 향한 저의 자세가 다른 영역으로 이동해 온 경로를 되짚어 보면, 우선 공허한 존재로서의 신과 관계를 맺은 데서 출발하여, 적으로서의 하나님과 관계를 맺기도 하고, 결국엔 친구로서 영원하신 분과 관계를 맺는 데로 나아갑니다. 여러분은 이렇게 하나님을 향한 자신의 자세를 재평가하는 것이 아주 유익하다는 사실을 깨닫게 될 것입니다. 만일 하나님이 여러분에게 공허한 존재로 여겨진다면, 그렇다면 여러분의 시끄러운 마음속에선 허무와 무의미와 모호함과 고통스러운 외로움만이 메아리쳐 울리게 될 것입니다. 또 만일 하나님이 여러분에게 적으로 느껴진다면, 그렇다면 여러분의 마음속엔 불평과 싸움과 교묘함과 반감과 냉소적인 고함소리만이 가득 차게 될 것입니다.

하지만 만일 여러분이 하나님을 친구로서 경험하게 된다면, 여러분의 마음속에서는 공명과 교감과 이해와 교제, 그리고 그것을 절대로 빼앗기지 않으리라는 느낌이 침묵의 소리를 계속적으로 유지하고 가라앉히게 될 것입니다.

하나님과의 관계라는 차원에서 지금 여러분이 어디만큼 순례의 길을 가고 있는지는 모르겠지만, 어쨌든 이것 하나만은 알고 계십시오: 저 역시 여러분과 함께 순례의 길을 걷고 있는 동반자라는 사실을 말입니다. 지금껏 여러분과 저는 이 책을 한 장 한 장 넘기면서, 시끄러운 마음속에서 침묵을 기른다고 하는 공통된 관심사를 갖고 나란히 길을 걸어 왔습니다.

이제 저는 여러분에게 용기의 은사가 내리시길 바랄 뿐입니다. 여기에서 용기라 함은, 본질적으로, 공허한 존재로서의 하나님 경험에서 시작하여, 적으로서의 하나님 경험을 지나, 결국엔 신실한 친구로서의 하나님 지식까지 쉬지 않고 나아가는 믿음을 말합니다. 그런 후에, 여러분은 친구가 되어, 평온함의 응답을 통해 삶 전체를 친구이신 하나님과 우선적으로 교제를 나누는 데 헌신하게 됩니다.

사실, 그러한 용기야말로 윌리엄 쿠퍼가 〈오, 하나님과 더 가까이 걷기 위하여〉라는 자신의 찬송가에서도 말한 바 있는 신앙생활의 맛과 향입니다:

> 제가 알고 있는 가장 소중한 우상,
> 그 우상이 무엇이건간에,
> 당신의 보좌로부터 그것을 끌어내리고,
> 오직 당신만을 경배하게 하소서.

그리하여 하나님과 가까이 걷게 하시고,
저로 하여금 고요하고 평온하게 하소서.
순전히 밝은 빛으로 제 길을 밝히시어,
저를 주께로 인도하소서.

성찰과 논의를 위한 질문

 생존과 희망을 위한 침묵

1. 지은이 웨인 오츠가 말하는 "침묵"은 무엇을 의미합니까? 그 침묵은 여러분이 이해하고 있는 침묵과 어떻게 다릅니까?
2. 여러분의 삶에서 침묵을 방해하는 가장 큰 장애물은 무엇입니까?
3. 지은이가 시끄러운 삶 한가운데서 침묵을 추구하는 세 가지 방법은 무엇입니까?
4. 여러분의 삶에서 침묵이 가져다주는 효과는 무엇인가요?
5. 침묵을 양성하는 일에서 통찰력이 수행하는 역할은 무엇입니까?
6. 지은이가 말하는 "시끄러운 마음"은 무엇을 의미합니까?
7. "사람들 간의" 소음에 관한 토양 평가용 질문들에 대하여 여러분은 어떻게 답하시겠습니까? 이 질문들로부터 조금 도움이 될만한 통찰력을 얻었습니까?
8. 침묵과 하나님에 관한 여러분의 지식 사이에는 어떤 관계가 성립될까요?

 침묵의 영성을 기르기 위한 나만의 자유

1. 나만의 자유가 필요하다는 사실을 암시해 주는 신호는 무엇무엇입니까? 여러분은 이런 신호를 어느 정도 경험해 보았습니까?

2. 외로움을 느끼지 않고 나만의 자유를 누릴 수 있는 방법은 무엇입니까?
3. 예수께서는 군중으로부터의 자유를 어떤 식으로 표현하셨습니까? 여러분은 어떤 면에서 군중으로부터의 자유가 필요합니까?
4. 여러분은 지금 개인적으로 생각하고 판단할 권리를 누리고 있다고 여기십니까? 다른 사람들에게는 이러한 자유를 어떻게 제공하고 있습니까?
5. 여러분의 삶에서 침묵이 실재가 되는 것은 어떤 장소, 어떤 상황에서입니까?
6. 일정표나 주간계획표를 들여다보면서, 어떤 식으로 나만의 자유와 침묵을 위한 시간과 장소를 마련할 수 있을까요?
7. 오츠는 "침묵을 양성해 주는 영혼의 고요한 동작들"에 관하여 말하는데, 이것들 가운데 여러분이 실천해 본 것은 무엇입니까? 그리고 지금은 어떤 것을 실천하고 있는 중인가요?

3 침묵속에서 현실 문제에 집중하기

1. 지은이가 말하는 "현실 문제에 대한 집중"이란 무엇을 의미합니까?
2. 하루 일과 중에서 여러분은 어떤 식으로 자신의 온 존재를 "집중시키고" 필사적으로 침묵의 길을 선택합니까?
3. 여러분은 "어떤 사람으로 하여금 최종적 발언을 하도록 허용하고 싶은 기분"을 경험한 적이 있습니까? 무슨 일이 있었습니까? 지금도 여러분으로 하여금 그런 선택을 하게끔 만드는 상황에 처해 있습니까?

4. 무언의 메시지를 경험하기 위하여 여러분의 오감을 총동원하여 귀기울일 수 있는 방법을 알고 있습니까?
5. 좀더 많은 침묵을 경험하기 위해서는 전화와 텔레비전과 컴퓨터를 어떻게 다뤄야만 할까요?

 마음속의 낯선 소음들을 잠재우기

1. 웨인 오츠는 침묵시킬 필요가 있는 마음속의 낯선 소음들에 관하여 이야기합니다. 이것들 가운데 여러분의 마음을 시끄럽게 만드는 소음은 무엇입니까?
2. 오츠의 주장에 따르면, 여러분의 과거로부터 발생하는 낯선 소음들을 어떻게 잠재울 수 있을까요?
3. 여러분이 자기-혐오를 경험하게 되는 원인은 무엇입니까? 오츠는 저급한 자아상을 극복하기 위한 방법으로 어떤 것을 추천합니까?
4. 이 장에서 여러분에게 가장 도움이 되었던 생각은 무엇입니까?

 감히 무시할 수 없는 침묵

1. 여러분의 삶 속에는 감히 무시할 수 없는 침묵이 있습니까? 만일 그런 침묵이 있다면, 그 상황을 타개해 나가는 데 도움이 될 만한 것은 무엇입니까?
2. 여러분이 갖고 있었던 이상들 가운데 지금은 침묵해 버린 이상이 있습니까? 그 이상들을 회복하거나 새롭게 다시 살려내고 싶

습니까? 그러기 위해서는 어떻게 해야 할까요?
3. 여러분은 하나님의 침묵을 경험해 본 적이 있습니까? 지금 혹시 그런 경험을 하고 있지는 않은지요? 그 침묵을 극복해 나가기 위한 방법에 관하여 웨인 오츠로부터 배울 수 있는 게 있다면 무엇일까요?

6 침묵의 부름에 대한 평온함의 응답

1. 이 장에 묘사된 "평온함의 응답들" 가운데 여러분의 생활방식과 가장 흡사한 것은 무엇입니까?
2. 여러분 나름대로 덧붙일 만한 평온함의 응답이 있다면 무엇입니까?
3. 침묵 실천 테스트는 이 책이 말하고자 한 내용들을 요약한 것입니다. 이 질문들에 응답하는 과정에서 여러분에게 가장 소중한 통찰을 가져다 준 질문은 무엇입니까?
4. "신체의 지혜와 보조 맞추기"에 제시된 내용들 가운데 여러분에게 가장 도움이 되었던 부분은 어디입니까?
5. 하나님을 향한 여러분의 요즈음 자세에 대해서 어떻게 생각하십니까?

주

[1]

1. Meyer Friedman, M.D., and R.H. Rosenmann, M.D., *Type A Behavior and Your Heart* (Greenwich, CT: Fawcett Publications, 1974), pp. 246-47.

2. Blaise Pascal, *Pensées*, translated by W.F. Trotter (New York: Random House, Modern Library, 1941), par. 206, p. 74.

3. John Keats, "I Stood Tiptoe upon a Little Hill."

4. George Gordon, Lord Byron, *Childe Harold's Pilgrimage*, canto 4, "The Ocean," stanza 178.

5. Rachel Carson, *Silent Spring* (Boston: Houghton Mifflin Co., 1962), p. 3.

6. Thomas Merton, "In Silence," from *The Strange Islands* (New York: New Directions, 1957), pp. 87-88.

7. Thomas Merton, *Conjectures of a Guilty Bystander* (Gardon City, NY: Doubleday & Company, Inc., 1968), p. 15.

8. Hellen Keller, *The Story of My Life* (New York: Grossett and Dunlap, 1902), p. 131

9. Sören Kierkegaard, *Purity of Heart*, in *The Doubleday Devotional Classics*, vol. 3 (Garden City, NY: Doubleday-Galilee Books, 1978), p. 127.

2

1. Thomas Wolfe, "The Anatomy of Loneliness," *The American Mercury*, Oct. 1941; quoted in *Great Quotations*, compiled by George Seldes (Secaucus, NJ: Castle Books, 1966), p. 755.

2. Gustave LeBon, *The Crowd: A Study of the Popular Mind* (New York: Macmillan, 1896), pp. 29-30.

3. John Schwab, M.D., et al, "Crowding and Mental Health" (unpublished paper, Departments of Psychiatry and Sociology of the University of Florida, Gainesville, FL).

4. Robert Bolt, *A Man for All Seasons* (New York: Random House, 1962), p. xii.

5. Ibid., pp. 98 and 95.

6. Dag Hammarskjöld, *Makings*(New York : Alfred A.Knopf, 1964),p.16.

7. Elizabeth Barrett Browning, *Aurora Leigh*, Book 7.

8. Morton Kelsey, *The Other Side of Silence* (New York: Paulist Press, 1976), p. 103.

3

1. Thomas Merton, *The Silent Life* (New York: Farrar, Strauss, and Cudahy, 1957), p. 29.

2. Thomas Merton, *Conjectures of a Guilty Bystander* (Garden City, NY: Doubleday & Company, Inc., 1968), p. 158.

3. Robert Frost, "The Road Not Taken."

4. *The Journal of John Woolman*, the John Greenleaf Whittier text, in *The Doubleday Devotional Classics*, vol. II

(Gardon City, NY: Doubleday-Galilee Books, 1978), p. 304.

5. Alfred Korzybski, *Science and Sanity*, 3rd ed. (Lakeville, CT: Institute of Gerneral Semantics, 1948), p. 417.

6. Quoted in Jacques Hadamard, *The Psychology of Invention in the Mathematical Field* (Princeton University Press, 1949), p. 118.

7. Ruth Deich and Patricia Hodges, *Language Without Speech* (New York: Bruner/Mazel, 1978), p. 16.

8. Miguel Unamuno, *The Tragic Sense of Life* (New York: Dover Publications, 1954), p. 196.

9. Walt Whitman, "Song of Myself," sec. 48, *Leaves of Grass*.

10. John Greenleaf Whittier, *Dear Lord and Father of Mankind*.

4

1. John Wolfgang von Goethe, *Faust*, translated by Victor Lange (New York: Random House, Modern Library, 1950), scene 1, p. 25.

2. Edwin Markham, "Outwitted," in *Poems of Edwin Markham* (New York: Harper & Row, 1950), p. 18.

3. Robert Browning, *Saul*, stanza 18.

5

1. Virginia Axline, *Dibs: In Search of Self* (New York: Ballentine Books, 1964), pp. 163-64.

2. Ibid., p. 160.

3. John Bowlby, *Attachment and Loss*, vol. 1 (New York: Basic Books, 1969), p. 28.

4. Paul Adams, M.D., *A Primer of Child Psychotherapy* (Boston: Little, Brown and Company, 1974), p. 90.

5. John Masefield, *Sea Fever*, from *Saltwater Ballads* (New York: Macmillan, 1913).

6. Immanuel Kant, *Critique of Practical Reason*, translated by T. K. Abbott, *Great Books of the Western World,* vol. 42 (Chicago: Encyclopedia Britannica, 1952), p. 360.

7. Antoine de Saint Exupery, *Wind, Sand and Stars*, translated by Lewis Galantiere (New York: Harcourt, Brace, and World, 1967), p. 14.

8. Francis Thompson, *The Hound of Heaven.*

9. Thompson, Epilogue to *A Judgment in Heaven.*

10. Thompson, *The Hound of Heaven.*

6

1. William Ernest Henley, *Invictus.*

참고문헌

Hinson, E.Glenn. *A Serious Call to a Contemplative Life Style*. Philadelphia: Westminster Press, 1974. 125 pages.

    이 무미건조한 세상에서 묵상을 실천하는 일은 요즘 같은 우주 시대에 전념이라고 하는 문제, 삶의 과정 속에서 하나님의 현존을 감지하는 문제, 그리고 혼란스러운 하루 일과 가운데서 하나님을 묵상하는 문제를 평가하게 해줍니다. 힌슨은 이 책 전체를 통하여 기도의 이해에 심혈을 기울이고 있습니다. 그 중에서도 가장 도움이 될만한 곳은 삶의 단순화에 관한 부분입니다. 여기에서 그는 묵상에 도움이 될만한 방법들을 엄선하여 소개해 주며, 나아가 좀더 깊이 있는 독서를 위해 ― 엄선된 ― 포괄적인 참고문헌도 싣고 있습니다.

Jones, Rufus. *The Faith and Practice of the Quakers*. London: Methuen and Co., Ltd., 1965. 181 pages.

    침묵은 퀘이커 공동체나 프렌드 공동체의 삶에서 가장 실제적이고 중요한 부분입니다. 여러분은 그런 종교 단체에 "가입하지" 않고서도 그 공동체 사람들이 어떤 식으로 침묵을 실천하고 있는지를 알고 싶어할지도 모릅니다. 그렇다면 이 책이 모든 걸 다 알려줄 것입니다.

Kelsey, Morton T. *The Other Side of Silence: A Guide to Christian Meditation*. New York: Paulist Press, 1976. 344 pages.

    지은이는 묵상을 위해 여러분 주변의 기후를 조종하는 것, 내면 세계로의 여행을 위해 주의 깊게 준비하는 것, 상상을 묵상에 이용하는 것, 그리고 침묵의 이면을 모험하는 것에 관하여 이야기합니다. 여기에서 침묵의 이면이라 함은 곧 그리스도 안에서 하나님과 대면하는 것을 가리킵니다.

Kiev, Ari. *A Strategy for Daily Living*. New York: Macmillan, 1973. 118 pages.

정신의학자인 아리 키예프 박사는 소도시에 살고 있는 — 혼란에 부딪혀 "계속해서 의심과 주저 속에 살고 있는 — 어떤 사람을 도와줄 수 있을 만한 지침서를 써달라는 부탁을 받았습니다. 키예프 박사는 삶을 위한 8대 전략을 짚어주고 여기에 짤막한 해설을 덧붙였습니다. 이 책은 정신의학자를 찾아가 한 시간짜리 상담을 받지 않고서도 여러분 스스로를 점검해 볼 수 있는 탁월한 지침서입니다. 이 책을 통해서 여러분은 긍정적이고도 건전한 생활방식을 전수 받게 될 것입니다.

Lindbergh, Anne Morrow. *Gift from the Sea*. New York: Pantheon Books, 1955. 128 pages.

이 세상이 기꺼이 충분한 사적 자유를 부여해 주지 않으려 했던 한 여성의 민감하고 묵상적인 표현이 실려 있는 책입니다. 그녀는 정직한 고요와 거짓 없는 침묵, 그리고 뭔가 관심을 쏟을 만한 의미 있는 것들에 관한 인식을 발견하기 위해 온갖 노력을 기울였던 자기 자신의 이야기를 들려줍니다.

Merton, Thomas. *Contemplation in a World of Action*. Garden City, NY: Doubleday & Company, Inc., 1971. 384 pages.

머튼은 침묵의 서약을 삶의 지침으로 여겼던 트라피스트회 수사입니다. 그는 행동의 세계로부터 도망치지 않고, 오히려 그 세계에 동화 될 수 있는 방법을 발견했습니다. 이 책은 수많은 그의 저서들 가운데서도 가장 방대한 책에 속합니다. 이 책에서 머튼은 가톨릭 신비주의자의 딜레마와 만족, 그리고 소명에 관하여 포괄적인 논의를 제공합니다. 그는 이렇게 말합니다: "하나님의 현존 안에 그대로 고요히 머물고, 하나님의 말씀에 귀기울이고, 하나님께 주의를 돌리기 위해서는 엄청난 용기와 노하우가 필요합니다."

Nouwen, Henri J.M. *Out of Solitude: Three Meditations on the Christian Life.* Notre Dame, IN: Ave Maria Press, 1974.

머튼과 대조적으로 헨리 나웬은 일상 생활의 토대 위에서 다른 사람들을 돌보는 것과 관련된 고독의 삶을 이야기합니다. 그의 3대 묵상법은 "고독으로부터," "돌봄과 더불어," 그리고 "기대 속에서"라는 이름이 붙어 있습니다. 그는 여러분이 "침묵과 말, 움츠림과 연루됨, 멂과 가까움, 고독과 공동체 사이에 주의 깊은 균형"을 추구할 수 있도록 도와줍니다. 현재 17판 인쇄되었으며, 전세계적으로 33명의 독자들이 이 책을 통해 영성의 심오한 불길을 지피고 있습니다. 우리 나라에서도 지금 〈고독의 영성〉(아침영성지도연구원)이라는 제목으로 번역되어 널리 읽혀지고 있는 소중한 책입니다.

Oates, Wayne E. *Anxiety in Christian Experience.* Waco, TX: Word Books, 1971. 156 pages.

시끄러운 마음에서 우러나오는 행동들은 대체로 불안이라고 하는 뚜렷한 형태를 취하고 있습니다. 이 책은 여러분이 바로 그러한 형태를 밝혀내고, 초점을 모으고, 일소할 수 있도록 도와주기 위한 것입니다. 이것은 제가 살아오는 동안 불안이 너무 커서 창조적인 방법으로 그것을 극복해야만 했던 시기에 쓰여진 책입니다.

Prayers and Devotions from Pope John XXIII. New York: Grossett and Dunlap, Inc., 1967. 315 pages.

 금세기를 통틀어 가장 많은 사랑을 받아온 인물의 사상이 연도별, 날짜별로 실려 있는 핸드북입니다. 여러분은 이 책을 "읽고, 밑줄 긋고, 마음속으로 요약하게 될 것입니다."

Steere, Douglas. *On Listening to Another*. New York: Harper and Brothers, 1955. 72 pages.

 이 책은 다른 사람의 말에 의도적으로 귀기울임으로써 삶의 과정을 변화시킬 수 있는 능력의 이해에 관하여 심오하면서도 간결한 문체로 소개하고 있습니다. 예배 공동체 내에서 침묵의 장소에 관한 그의 묘사는 비단 신앙공동체뿐만 아니라, 지혜에 대한 욕구를 진지하고 공통된 관심사로 갖고 있는 다른 모든 공동체에게도 아주 유용한 것이라 할 수 있겠습니다.

Thompson, Ken. *Bless This Desk: Prayers from 9 to 5*. New York: Abingdon, 1976. 75 pages.

 재벌은행 간부인 켄 톰슨은 직장 생활 속에서 침묵의 시간을 발견하고 개인적인 묵상과 기도의 실천을 통하여 느끼고 깨달은 바들을 이 책에 기록하였습니다. 여러분도 이 책을 사무실에 갖다 놓고 짬이 날 때마다 읽어보십시오. 어쩌면 그리도 잘 맞아떨어지는지요!

Wessler, Daniel B., and M. Jenelyn Wessler. *The Gifts of Silence*. Atlanta: John Knox Press, 1976. 90 pages.

 이 부부 팀은 여러분에게 새로운 하루가 시작될 때, 중간에, 그리고 그 하루가 끝날 때 침묵의 은사들을 사유할 수 있는 독특한 실천 방안들을 간결하게 소개해 줍니다. 그들은 침묵이 하나의 생활 방식이라고 말합니다. 침묵은 하루하루를 살아가는 데 반드시 필요한 특별한 규율입니다. 침묵은 영원하신 하나님께서 이 평범한 세계로 들어오시는 돌파구입니다.

옮긴이의 말

우리가 사는 이 세상은 너무나 시끄럽습니다. 핸드폰·삐삐·전화·텔레비전·라디오·비디오·CD·컴퓨터·신문·광고·게임·노래·자동차·이메일·인터넷 등, 어디를 보아도 침묵의 오아시스들은 거의 찾아볼 수가 없습니다. 의사소통이 묵상보다 우리에게 훨씬 더 가치가 있어 보이고, 정보가 묵상보다 훨씬 더 많이 요구됩니다. 이 모든 것의 유용성에도 불구하고, 우리 현대인들이 지금 무언가를 잃어가고 있는 것은 아닌지 냉철하게 들여다보아야 할 때가 되었습니다.

아마도 가장 큰 손실은 하나님께 우리의 온 존재를 드리는 침묵의 시간이 줄어가고 있다는 사실일 것입니다. 세상의 소음을 차단하고 분노와 질투와 우울과 스트레스로 가득 찬 내 마음을 비우며 하나님의 말씀을 경청하는 침묵의 시간, 우리 안에서 활동하시는 성령의 뜻에 귀기울일 수 있는 이 침묵의 시간이 사라져 가고 있음에 우리의 영혼은 안타까움을 금할 길이 없습니다.

그런 의미에서 이 책, 〈침묵의 영성〉(*Nurturing Silence In A Noisy Heart: how to find inner peace*)은 우리 그리스도교에서 침묵이 얼마나 소중한 전통이며 오늘도 얼마나 큰 가치가 있는가를 다시금 일깨워주면서, 그 영성적이고 치유적인 차원을 깊이 맛보게 하는 데 매우 탁월하다고 확신합니다. 부디 여러분도 전 세계적으로 존경받는 목회상담가 웨인 오츠 박사의 뛰어난 통찰을 통하여 이 시끄러운 세상에서 침묵의 영성을 다시 회복할 수 있기를 간절히 빕니다.

2001년 가을의 침묵 속에서
옮긴이

웨인 오츠 ● 지은이

세계적인 목회상담학자 웨인 오츠(Wayne E. Oates)는 현재 미국 켄터키주 루이스빌대학교 의과대학의 정신의학과 행동과학 분야 명예교수이고, 침례신학대학원의 치유상담학 교수입니다. 그는 지금까지 〈현대종교심리학〉, 〈신앙이 병들 때〉 등 영성, 목회와 상담, 그리고 심리학과 종교의 관계 등에 관하여 수많은 저서와 논문들을 발표하였습니다. 지은이의 그리스도교적인 영성이 가장 진솔한 형태로 드러나 있는 이 책 〈침묵의 영성〉을 통하여 독자들은 현대 목회상담학자들 가운데 왜 유독 웨인 오츠 교수가 학문과 영성의 깊이가 가장 잘 균형잡힌 분으로 정평이 나 있는지를 다시 한번 확인하게 될 것입니다. 〈고독의 영성〉으로 우리에게 널리 알려진 영성의 대가 헨리 나웬의 머리말과 함께 이 책을 깊이 묵상함으로써, 독자 여러분은 그리스도 예수 안에서 내밀한 기쁨을 맛보게 될 것입니다. 침묵 속에서 세미한 음성으로 다가오시는 성령의 역사도 체험하게 될 것입니다.

신현복 · 신선명 ● 옮긴이

신현복은 한신대학교와 동 대학원(Th.M.)을 졸업하고 뉴욕신학대학원 박사과정에 있습니다. 지은책으로는 〈내 마음의 그림자〉 등이 있으며, 옮긴책으로는 〈고독의 영성〉 등이 있습니다. 신선명은 이화여자대학교 기독교학과와 동 대학원을 졸업(Th.M.)하고, 현재는 두 아이를 키우며 남편과 수지에서 살고 있습니다.

침묵의 영성

초판1쇄발행 2001년 11월 10일
초판2쇄발행 2002년 2월 1일

지은이 웨인 오츠
옮긴이 신현복 · 신선명
펴낸이 길청자
펴낸곳 아침영성지도연구원
등록 제7호 (1999.1.7)

기획 · 제작 열린마당
총판 생명의 샘(02-419-1451)

---

* 정가는 뒷표지에 표시되어 있습니다.
* 잘못 만들어진 책은 책방에서 바꾸어 드립니다.

ⓒ Augusberg, 1996

* 가까운 책방에 책이 없을 때에는 전화주시면 송료 본사부담으로 책을 보내드립니다.

ISBN 89-88764-16-1